LA
Corresponsabilidad
DIARIA

REFLEXIONES PARA EL VIAJE

Tracy Earl Welliver, MTS

Prólogo por Leisa Anslinger

Este libro se dedica a mi
maestro de inglés de la preparatoria Bishop Ireton,
el Hermano Rick Wilson, TOR,
quien me hizo prometer en la graduación que un día
él vería publicado un libro de mis escritos.
Tardó 29 años, pero ¡una promesa es una promesa!
Gracias por todo lo que Ud. me enseñó.

La corresponsabilidad diaria: reflexiones para el viaje

Scripture texts in this work are taken from El Libro del Pueblo de Dios, © Fundación Palabra de Vida - Buenos Aires. All Rights Reserved.

ISBN 978-0-940169-15-9

Cover design by Theresa Schiffer
Book design by Stefan Kramer
Translated by Courtney LoCoco and Hannah Kelly

To order contact:
Liturgical Publications Inc
2875 S. James Drive
New Berlin, WI 53151

(800) 950-9952 x2469
lpiconnections@4LPi.com
www.4LPi.com

10 9 8 7 6 5 4 3 2 1

Printed in the United States of America.

Contenidos

Agradecimientos

Hay muchas personas y comunidades que merecen mi agradecimiento y gratitud sincera. Sin ellas, habría menos en que reflexionar y para inspirarme. Siempre les he dicho a mis hijos que somos la suma de nuestras experiencias. Los que se mencionan a continuación han ayudado a formar a la persona quien soy ahora mismo, y como resultado, han hecho que este libro sea posible.

Entonces, muchas gracias:

A mis padres, ambos difuntos, por creer en mí y hacerme sentir que todo era posible.

A los participantes de Youth Encounter en la diócesis de Arlington, Virginia desde hace décadas. Los retiros de hace 30 años cambiaron mi vida.

A los oblatos de San Francisco DeSales, quienes me enseñaron que la santidad es vivir cada día, y no es algo distinto ni aparte de nuestra experiencia común.

Al Padre Robert Lange, quien se murió en mayo de 2015, por ser guía y amigo cuando me convertía en un hombre. Ud. me mostró lo que un sacerdote debe ser, y siempre voy a estimar el hecho de que nos pusimos en contacto de nuevo unos meses antes de tu muerte. Por favor, intercede al Señor para mí.

A la comunidad de la iglesia católica en Greensboro, Carolina de Norte, Saint Pius X, por recibirme como un niño y transformarme en un hombre. He aprendido no sólo lo que significa la corresponsabilidad, pero he sido testigo a su poder transformativo. Gracias al Monseñor Marcaccio por animarme a ser mejor mañana de lo que soy ahora mismo.

A Pat Spivey, amigo mío, por hacer conmigo este viaje de corresponsabilidad, y por soñar conmigo todas las posibilidades de lo que podría ser.

A Liturgical Publications, por finalizar mis sueños profesionales.

A Carin Winghart, por creer en mí y servir como fuente de confianza cuando no estaba seguro de lo que se podía lograr. Te debo tanto.

A mis niños, Nathan, Sarah Kate, y Zac, por ser tres de las mejores bendiciones de mi vida. Me inspiran constantemente. Los amo tanto.

A mi marida, Mariann, por amarme, por ser mi correctora, y por estar a mi lado durante este viaje – durante los momentos buenos y malos. Te amo.

A mi Señor y Salvador, Jesucristo, por llamarme a hacer este viaje. Nunca me has obligado a hacer nada, pero, ¿quién podría decir que "no"?

Prólogo

Cuando me enteré por primera vez de la corresponsabilidad como un modo de vida, me parecía muy claro: reconocer que todo es una bendición de Dios, crecer en gratitud por nuestros regalos, y vivir con más generosidad como consecuencia. Por supuesto, cuando empecé a poner en práctica los principios de la corresponsabilidad, descubrí que no es tan claro como había pensado inicialmente. La realidad es: vivir como gente corresponsable es un modo de vida profundo y magnífico, pero hay muchos obstáculos con los cuales enfrentamos si queremos vivir así.

Los obispos de los Estados Unidos enumeran unos obstáculos en la introducción de su carta pastoral sobre la corresponsabilidad, *La Corresponsabilidad: Respuesta de los Discípulos*. "Aunque la fe religiosa es una fuerza patente en la vida de muchos estadounidenses, la cultura secularizada y dominante del país frecuentemente contradice los valores de la tradición judeocristiana. En esta cultura hay "ismos" destructores— materialismo, relativismo, hedonismo, individualismo, consumismo—que ejercen influencias seductoras y poderosas." No siempre puedo culpar a la cultura corriente por ignorar el llamado de Cristo al discipulado. Yo sé en mi corazón que la tentación está en la tendencia de dar por hecho nuestras bendiciones; la tentación de pensar que tenemos el derecho en vez de mostrar la gratitud; la tendencia de ser egoísta o perezoso en nuestras vidas espirituales, resultando en una vida que mira hacia nosotros mismos en vez de mirar a Dios y los demás.

Vivir y madurar como discípulos y gente corresponsables nos llama a ser conscientes de las tentaciones y vencerlas; nos llama a tomar en serio el llamado de Cristo. Cuando escuchamos muchas veces el mensaje de ser corresponsable, y reflexionar en ello, lo más probable es que reconozcamos y estemos agradecidos por nuestras bendiciones: nuestras vidas, talentos, tiempo, fuentes, relaciones, y fe, por ejemplo. Al desarrollar los ojos, las orejas, y los corazones atentos, la gratitud se hace la primera respuesta en vez de una idea extra. La generosidad viene de la gratitud, lentamente para nosotros, con momentos de fracaso a lo largo del camino.

Ser corresponsable cada día implica que es un modo de vida práctico que puede influir en varias situaciones de nuestras vidas. Déjame contar un ejemplo de cómo he experimentado la corresponsabilidad diaria en mi vida: cuando era niña y adolescente, pensé que mi madre era demasiada generosa. No teníamos mucho dinero, y debido al trabajo de mi papa, nos mudamos muchas veces. Mi madre, directora de la cafetería de una escuela católica, siempre estaba ayudando a otros: una mujer vieja que necesitaba transporte al mercado, o a la oficina de doctor, y más; colegas que necesitaban ayuda para realizar una reunión familiar; un comedor comunitario nuevo que empezó a servir almuerzo a los pobres del área durante el Día de Acción de Gracias. En el momento, era testigo de lo que hacía mi mamá, pero no entendí sus motivos por ser tan generosa. No fue hasta que yo tenía hijos que lo entendí. Mi madre no había usado la palabra "corresponsabilidad" para describir lo que hacía, pero es la verdad. Ella entendía que, a pesar de tener poco dinero o seguridad física, ella tenía muchas bendiciones. Al reconocer nuestras bendiciones, ella respondió con la fe y el agradecimiento. Confió en Dios sobre todo, y a mi hermano y a mí nos enseñó hacer lo mismo. Además, mi madre había reflexionado en sus talentos: tenía paciencia, la habilidad de organizar y planear eventos grandes, y cocinar en cantidades que todavía no puedo imaginar. Entendía que estaba llamada a compartir sus bendiciones y talentos, y a hacerlo con alegría.

Años después, como adulto, pregunté a mi madre de todo esto. Para entonces, ella estaba viviendo con mi familia y yo, y nuestra parroquia había invitado a un orador de la corresponsabilidad para que hablara después de la misa. En camino a casa, ella me dijo que había apreciado el mensaje del orador. Me dijo que había reconocido elementos de su fe y cómo había dado en su propia vida. Hablábamos de cómo seguir a Jesus cambia con el paso de tiempo, y cómo cambian nuestras maneras de dar. Me dijo: "Nunca teníamos mucho dinero para donar, pero siempre intenté dar mi tiempo y talentos." Con eso, empezamos a contar memorias de su generosidad durante mi niñez, y como no entendía sus motivos para dar tan generosamente. Nos acordamos de un día que fue particularmente frustrante cuando una mujer vieja necesitó ayuda con sus recados. Ella sonrió y dijo: "Me alegra que ya lo captes." En ese momento me di cuenta de cuanto me había enseñado a través de su manera de vivir: sencilla y con propósito. Ella vivía la corresponsabilidad cada día.

Estoy segura que, igual como las he apreciado, mi madre habría apreciado también las reflexiones en la corresponsabilidad de Tracy Earl Welliver. Sus ejemplos y percepciones son inspiradores y prácticos. Tracy entiende que el aceptar y madurar de tal manera profunda es un proceso dinámico. Sus reflexiones nos ayudan a llevar la fe en nuestras vidas diarias, y a hacernos intentar y pensar en estar satisfechos con la comodidad de nuestras vidas modernas. Debemos aplicar los principios de la corresponsabilidad en maneras que nos animan a reflexionar y rezar, y hacer de nuevo un compromiso a Cristo. La reflexiones de Tracy me recuerdan de la vida de mi madre como una persona corresponsable, con un compromiso práctico cada día.

Creo que uno de los mayores dones de este libro es que hay que reflexionar en pasajes conocidos de escritura. Las reflexiones hacen que los pasajes sean renovados y relevantes para nuestras vidas. Yo tengo la intención de dejar abierta la página sobre la mesa del comedor para que pensemos, como una familia, en el pasaje y la reflexión que sigue. Las ideas para responder son sencillas, pero a la vez harán una diferencia en nuestras vidas de oración y acción, conectando nuestra fe a los modos prácticos de vivir. Las preguntas para reflexionar nos hacen pensar profundamente, fomentando la madurez a través de una manera confiada y generosa de pensar. El espacio de garabato sirve como un espacio para hacer una reflexión personal y diario interminable por la cual podemos aplicar las lecciones en nuestras vidas.

Estoy agradecida a Tracy Earl Welliver por ser tan corresponsable, por compartir sus talentos y percepciones en la colección de reflexiones que siguen. Rezo que todos nosotros continuemos a aceptar el llamado de Cristo de amar y servir, como gente corresponsable, cada día.

—Leisa Anslinger

Navegando el Rumbo

El efecto de la corresponsabilidad

Un día, hace muchos años, estaba caminando por la iglesia de mi parroquia, Saint Pius X Catholic Church, en Greensboro, NC, con el pastor, el Padre Frank Connolly. No tengo ninguna recolección de lo que estábamos hablando ni porque estábamos caminando por la iglesia. Lo que sí recuerdo es a un hombre, Cal, que nos acercó y habló con el P. Frank. "Hay un reclinatorio roto en la parte delantera de la iglesia," Cal dijo, expresando que alguien debería saberlo. Estoy seguro de que Cal pensaba que el P. Frank era la persona más lógica de informar. Nunca voy a olvidar la respuesta del P. Frank: "Pues, ¡arréglalo tú!"

No sabía qué pensar de esa respuesta. Sabía que el P. Frank, un sacerdote viejo y afectuoso con una barba blanca como la nieve, no era grosero. No fue posible. Claro, fue la respuesta de Cal que me informó del significado de lo que había dicho el P. Frank. Cal le dijo que regresaría antes de las misas en el fin de semana con los instrumentos para repararlo. Para sorpresa de todos, salvo el P. Frank, Cal arreglaría muchas cosas en la iglesia durante los siguientes años. Él, básicamente se hizo el empleado del mantenimiento de la iglesia por muchos años. Todo esto ocurrió porque el pastor le recordó una gran verdad: la iglesia es de todos nosotros, incluso de Cal.

Ese momento fue el inicio de mi educación en la corresponsabilidad. Yo tenía dos títulos en la teología, pero la corresponsabilidad nunca fue un tema que tratamos. Sabía la palabra con respecto al medio ambiente, pero nunca con respecto al discipulado. En ese día el P. Frank nos enseñó algo importante de lo que significa ser un pastor.

Discipulado madurado

La carta pastoral, *La Corresponsabilidad: Respuesta De Los Discípulos,* de los Obispos de Los Estados Unidos empieza con tres puntos. De forma simple,

> 1. Estamos llamados a ser discípulos maduros que contestan e llamado de Cristo, a cualquier precio.
> 2. Esto lleva a un modo de vida, no es una serie de actividades nieventos.

3. Esta manera de vida es transformacional.

He hablado por todos los Estados Unidos y en otras partes del mundo, y con demasiada frecuencia me doy cuenta de que la administración forma parte del horario anual de eventos cuyo centro consiste de una feria pastoral y hojas de registro. Estas cosas son importantes para todas las parroquias que quieren fomentar la administración, pero no son la administración. También, muchas veces esas cosas no transforman a nadie porque carecen de la espiritualidad y filosofía de vivir. La transformación llega cuando una persona acoge las convicciones enumeradas anteriormente. Una comunidad parroquial puede transformar en cuanto los parroquianos se transformen. La solución es sencilla, pero no se puede lograr la meta tan fácilmente.

La meta no es fácil porque no es fácil siempre ser un discípulo maduro. Hay veces cuando es más fácil decir "no" al llamado de Cristo. Nos encontramos perezosos, asustados, apáticos, ignorantes, o egoístas. Queremos que Dios nos conteste cuando Le llamemos, pero cuando Dios propio nos llama, nuestro mundo nos parece más cómodo. Pero esa realidad es una immadurez de nuestra espiritualidad y fe. Quizás respondemos como niños porque percebimos las cosas como niños. La idea de que nos hacemos más maduros de forma natural mientras envejecemos es un gran error. Los padres por todas partes del mundo nos pueden asegurar de que no es la verdad en ningún aspecto de la vida humana. La fe no es diferente.

En la Iglesia Católica, y en tantas comunidades cristianas, no hemos hecho un buen trabajo de desarrollar la espiritualidad ni el catecismo. Con la dedicación de personas como Sherry Weddell (Intentional Discipleship) y Matthew Kelly (Dynamic Catholicism), hay un movimiento nuevo que fomenta que católicos americanos tomen en serio nuestra promesa del bautismo. En lugares como Nueva Zelanda, el Cardinal John Dew de Wellington ha acogido la administración como el camino que llega a una iglesia vibrante, una iglesia donde la gente se siente bienvenida. Las comunidades de iglesias en Australia se dedican a implementar los principios de la administración; muestran a la sociedad secular que los discípulos de Cristo todavía son pertinentes hoy.

No soy pesimista con respecto al estado actual y futuro de la Iglesia Católica. No hay duda de que hemos tenido décadas controversiales, pero el Espíritu Santo se mueve profundamente a lo largo de las comunidades cristianas. Pero hay otra realidad cuando se edifica una nueva realidad: una **comunidad** de la iglesia consiste en **individuos**, como tú y yo, que deben estar comprometidos con una nueva manera de vivir. Tenemos que aceptar la transformación y permitir que la administración permee nuestro ser entero. Es fácil reconocer los regalos obvios de Dios: nuestras familias y amigos, nuestras posesiones, nuestras vidas. Tenemos que reflejar sobre nuestras vidas cotidianas para que reconozcamos los llamados de Dios que no son tan obvios. Discípulos maduros están llamados a ser administradores cada día.

Convertirse en ser corresponsable de cada día

¿Cómo nos llama Cristo durante nuestras circunstancias cotidianas? Si somos personas que activamente viven la fe, podemos ver que Dios influye en momentos gigantescos de nuestras vidas: el nacimiento de un niño, la muerte de un ser querido, una oportunidad relacionada con la carrera. Debido al hecho que asistimos a misa la mayoría de los domingos y rezamos después de comer y dormir, entonces nuestros sentidos se despiertan frente a la existencia de Dios durante momentos cumbres. Pero, ¿podemos oír la voz de Dios durante los momentos ordinarios, banales, y aburridos? Eso es algo diferente. Sin embargo, descubrir a Dios en esos momentos es el centro de una transformación verdadera.

Si creemos que todo es un regalo de Dios, y que tenemos que fomentarlo y devolverlo con aumento a Dios, entendemos que todo significa TODO. Cuando hablamos de los regalos del tiempo, talento, y tesoro, a menudo nos centramos en lo que ofrecemos a la comunidad parroquial o las caridades que más nos importan. Pero todo significa todo. Es importante pasar el tiempo enseñando a los niños una clase de la fe católica, pero también es importante pasar el tiempo sólo en casa. La buena administración es cantar en el coro de la parroquia, pero también es preparar un sándwich para el almuerzo de un niño. Cuando dono dinero a la colecta durante la misa, esos dólares son de Dios, pero los demás dólares en mi cartera también son de Dios. Tenemos que comprender que todos los regalos de Dios se infiltran a través de nuestras vidas; entonces podemos estar conscientes de la presencia de Dios en todas circunstancias. (20-21) De pronto, Dios está con nosotros a cada paso, y tenemos la oportunidad de ser buenos discípulos durante todo el día. ¿Puedes ver cómo este entendimiento transforma al individuo? Comencé a ver a mis hijos diferentemente a medida que mi entendimiento del mantenimiento desarrollaba. Antes, simplemente eran mis hijos. Ser buen padre era mi responsabilidad. Eran regalos de Dios, pero eran míos. Luego entendí que no eran míos; eran de Dios. Él me los dio, pero no para siempre, así que en este sentido no fueron míos. Fueron de Dios. Ya no era mi responsabilidad ser buen padre; era mi vocación ayudarlos a convertirse en las mejores personas posibles y enseñar a ellos un amor para Cristo. Porque un día ellos tendrán que regresar a Dios. Además, la capacidad de cuidar a los hijos se centra en los encuentros cotidianos en vez de las cosas importantes. Me dio cuenta de que Dios sí estaba con nosotros durante nuestros triunfos y fracasos, pero también estaba con nosotros cuando nuestros hijos nos pedían jugar con ellos. Siempre veía la importancia de ser un discípulo de Cristo cada día de mi vida, pero en ese momento vi la importancia de ser un discípulo en mi vida cotidiana. El mantenimiento no es simplemente una manera de vivir cada día, sino es la vida cotidiana.

Características de la corresponsabilidad cotidiana

Cuando doy una conferencia sobre este tema, comparto seis características principales de ser corresponsable cada día. Una persona tiene que emular estas características para hacerse corresponsable, pero también son consecuencias de vivir como pastor. Un tema para la conversación podría ser cuáles características adicionales se debe incluir en la lista. Para nuestros objetivos, solamente vamos a concentrarnos en seis de ellas en las reflexiones.

1. Ser consciente

Con tanta frecuencia, un momento ocurre y no podemos recordar lo que nos ha pasado. Muchas veces hay personas que me dicen que no pueden recordar experiencias como almorzar, o esperar en el tráfico, o escuchar la música. Están presentes, pero están preocupados por todas las cosas en su mente. Los antecedentes del pasado y la inquietud impiden nuestra habilidad de vivir en el momento.

Me acuerdo del cuento del evangelio según San Juan en el cual
María unge los pies de Jesús con un aceite caro, y Judas se opone.
Jesús le recuerda que sus días son pocos y no va a estar con
ellos en carne y hueso para siempre. La realidad es que las horas
siempre son cortas y un momento pasa y nunca vuelve. Si no
estamos conscientes de las sensaciones y la realidad del momento,
no oímos el llamado de Jesús ni podemos reconocer nuestras
bendiciones.

Todos los momentos nos ofrecen oportunidades de agradecer a
Dios, oír su voz tranquila, y reflejar en lo bueno en todas cosas.
Las oportunidades para reflexionar en ser corresponsable se
podrían descubrir cuando nos cepillamos los dientes, comemos
una ensalada, y miramos a otras personas. Estos momentos
desaparecen si no vivimos en el presente. Platón dice que no se
merece vivir una vida sin reflexionar. Yo no lo diría tan firmemente,
pero si vamos a sacar el máximo sentido de nuestras vidas,
debemos permitir que Dios se extienda por todo.

2. Rezar mucho

Ser corresponsable cada día no es sencillo, pero es posible a través
de la oración. Una relación tiene muchas caras, así que estamos
llamados a orar en varias maneras. A veces hablamos y otras veces
escuchamos. Hay veces en las cuales descansamos en la presencia
de Dios. A través de la oración nosotros pedimos, agradecemos,
y le damos la gloria y la alabanza a Dios. Ofrecemos nuestros
sentimientos de alegría, miedo, tristeza, ira, e incertidumbre.
Nuestra meta es el reconocimiento que Dios constantemente está
con nosotros y debemos estar consciente de que siempre estamos
en la presencia de lo divino.

A menudo sugiero dos oraciones diarias que nos ayudarán a vivir
esta vida. Por la mañana, cuando el día comienza, usa las palabras
de San Francisco de Sales: "Evoque que le ha dado hoy para que
trabaje hacia la eternidad, y haga la resolución firme de que va a
utilizar el día para esta meta." Tome un momento para reflejar en
estas palabras, y después ofrézcale el día a Dios. Pídale la fuerza de
hacer que cada día cuente. La pérdida del tiempo es un abuso de

las bendiciones de Dios. Sea abierto a los momentos del día como llamados posibles. Haga una diferencia en la vida de otra gente. Asuma el riesgo hoy de guiar a alguien a Dios, porque lo que pasa hoy puede durar para siempre.

Por la noche usa las palabras de San Ignacio de Loyola:

> Toma, Señor, y recibe toda mi libertad,
> mi memoria, mi entendimiento,
> y mi voluntad entera,
> todo lo que soy, todo lo que poseo.
> Tú me lo diste; a tí, Señor, lo torno.
> todo es Tuyo;
> dispón de mí según Tu voluntad.
> dispón tu amor y tu gracia,
> que eso me baste. Amen.

A veces llamada la Oración Radical, en muchas maneras el Suscipe es la oración final de ser corresponsable. Se centra en la idea de que todo es de Dios. Habla perfectamente de cómo le podemos tornar todo a Dios, quien lo generó. Todo lo que queda es el amor y la gracia de Dios, los que siempre son suficientes.

Usar esta oración como reflexión al final del día, debemos parar y reflejar en las maneras que no le hemos dado todo a Dios. ¿Cuándo evité una oportunidad para encontrar a Jesús? ¿Dónde fallé en ser el mejor discípulo y corresponsable posible? La oración se convierte en una declaración de resolución para el próximo día. Siempre rezamos que mañana seamos mejores. Esta oración se hace realidad a través del poder de Dios.

3. Estar agradecido

¿Cómo se puede reconocer la presencia de Dios en todos aspectos de la vida sin agradecer? La verdadera magnitud del regalo de vida y todo lo que contiene nos deben conmover a dar las gracias. Desafortunadamente, con demasiada frecuencia, nos olvidamos de estar agradecidos debido al egoísmo, o porque no estamos presente en la realidad de nuestras situaciones. No sólo estamos agradecidos, sino también estamos llamados a dar las gracias. El agradecimiento nos cambia. Elie Wiesel ha dicho que, "Para mí, cada hora es gracia. Y siento el agradecimiento en el corazón cada vez que le conozco a alguien y veo su sonrisa." Él sobrevivió un campo de concentración de los Nazis. Para los cristianos, estar agradecidos permite que los demás vean una alegría divina dentro de nosotros. Cuando nos centramos en nuestras bendiciones y constantemente damos las gracias por ellas, nos transformamos.

En la corresponsabilidad, estamos llamados a recibir todo de Dios con corazones agradecidos. Frecuentemente escuchamos el lema, "una actitud de gratitud." El punto aquí es que tenemos que estar agradecidos por las cosas pequeñas y por las bendiciones obvias. Está agradecido por las manos que pueden tocar la cara de un ser querido, el regalo de la música que escuchamos en el coche, y las abejas que vuelan porque polinizan nuestra tierra. No falta nunca ninguna oportunidad para dar las gracias a Dios. El Señor te llama al agradecimiento, y no es porque él lo necesita, sino porque el poder de estar agradecido nos transforma.

4. Ser benévolo

La palabra "benévolo" significa muchas cosas: amable, agradable, gentil, misericordioso, y compasivo. Deriva del Latín, significando "buena voluntad." Durante la misa recitamos o cantamos la Gloria, y hablamos de la "paz a los hombres que aman al Señor." Exultamos a los que son de buen voluntad, agraciados, porque ellos se han dejado permear por la gracia y sirven como canales de gracia para otros.

La hospitalidad es fruta de ser agraciado. Es interesante lo que ocurre cuando practicamos la hospitalidad. Cuando somos acogedores, damos la bienvenida a Jesús en nuestras presencias, y nos convertimos en Jesús para otras personas. De veras se dice, "el Jesús dentro de mi alma ama al Jesús dentro de ti."

Los principios de la corresponsabilidad mandan que tratemos toda la creación de una manera agraciada. En la espiritualidad de ser corresponsable cada día, constantemente estamos llamados a ser acogedores. Dar la bienvenida y ser hospitalario no sólo funciona para convertir nuestras actitudes hacia el mundo, sino también ayuda en la evangelización de ese mundo. Si practicas estar agraciado, te darás cuenta de que los demás quieren escuchar lo que tienes que compartir con ellos.

5. Estar comprometido

Tener éxito requiere la determinación, especialmente si nuestra tarea no es sencilla. Ser corresponsable a veces se opone a la cultura de hoy. Además, se opone a nuestra naturaleza humana. Estamos más conscientes de nuestros deseos y necesidades que las necesidades de otras personas. Sin embargo, cuando hacemos un compromiso con esta manera de vida, no sólo podemos levantarnos después de caer, sino también entendemos que nuestras vidas se transforman, y se hace más fácil pensar en Dios y los demás antes de nosotros mismos.

En el evangelio según Mateo 16, Jesús nos pide que tomemos nuestras cruces y le sigamos. Sabemos que este camino no es fácil. Según Mateo 19, Jesús nos manda vender todas nuetras posesiones, dar a los pobres sin ningún precio, y seguirle. Es un mensaje que la totalidad de nuestras vidas es de Dios de una manera corresponsable. Nadie puede vivir así sin compromiso firme. Es lo mismo como si alguien estuviera a dieta dos días cada semana. Es todo o nada.

Sin embargo, como estar a dieta, vamos a fallar a pesar del compromiso. La diferencia es saber que fallar no significa el fin. Recuerdo ver un póster que mostraba dos formas de considerar la vida. Una forma muestra una bifurcación con un camino que lleva al éxito, y el otro lleva al fracaso. La segunda forma muestra sólo un camino que de veras lleva al éxito. Es un camino serpenteante donde el fracaso ocurre una y otra vez, pero debido al compromiso, lleva al éxito.

Por supuesto, para estar comprometido, una persona tiene que aprovecharse de la ayuda que Dios provee. La oración, el estudio, la escritura, y los sacramentos son instrumentos disponibles que son importantes para nuestro viaje. Además, si experimentamos estas cosas con una comunidad, vamos a estar más fuertes. Un pastor diario nunca viaja sólo.

6. Ser responsable

He aquí la característica que puede ser el escollo para muchas personas, pero en algunas maneras sería la más importante. Ésta habla del valor de una comunidad y el papel que jugamos en las vidas del uno con el otro. Si no somos responsables ni entendemos que tenemos que ser responsables, nos engañamos fácilmente. Empezamos a creer que (23) somos personas que en realidad no somos. Además, nos podemos encontrar frente a una situación resbaladiza.

Recibo reparos cuando hablo del papel de una comunidad parroquial en la responsabilidad de losindividuos. Algunas personas piensan que la comunidad parece crítica y sin compasión. Yo sostendría que faltamos el amor cuando no decimos al individuo que se aleja del camino. No sólo somos responsables de nuestros propios actos, sino también somos responsables de los de otros. La Iglesia no es una organización municipal en la cual ingresamos y damos el diezmo; es una familia.

El hombre de negocios y autor bien conocido, Stephen Covey, ha dicho, "La responsabilidad produce la habilidad de responder." Cuando estamos dispuestos a considerar a los demás resposables por sus actos, entonces creamos un ambiente donde la respuesta de ser corresponsable es natural. La guía espiritual y los grupos de oración pueden servir como una gran ayuda para que alguien continúe en el camino de ser corresponsable. Los movimientos como Cursillo se basan en la idea de que somos miembros del Cuerpo de Cristo; entonces, nunca estamos solos.

Si todavía no eres socio de un grupo dentro o fuera de una comunidad religiosa en la cual la gente se apoya y dice la verdad con cariño, sal a la búsqueda de amigos de la fe y pídeles que ellos hagan el viaje contigo.

Después de leer la lista de seis características, algunos se van a preguntar si hay otras adicionales. ¡Que conversación magnifica para tener con un grupo de oración! No es una ciencia, así que te animo a explorar esta cuestión. Hay características como la confianza, el amor, y la paz que no he incluido porque creo que son frutas de las seis características que ya existen; son normativos para los cristianos más culturales. Me parece demasiado obvio decir que una persona corresponsable debe ser simpático o cariñoso. Ojalá que seamos estas cosas porque somos seres humanos.

Por supuesto, la omisión más obvia es la generosidad. ¿Cómo podría omitir la generosidad? Permíteme explicar. La corresponsabilidad casi es la generosidad por definición. Dar sin precio alguno y el acto de dar es lo que significa la corresponsabilidad. Si la palabra "corresponsable" es un obstaculo para ti, quizás la palabra generosidad podría ser buen sinónimo. De hecho, en español no hay una buena traducción para la palabra "stewardship" en inglés. Voy a usar el concepto de la generosidad para explicar el concepto a los hispanohablantes. Entonces, no incluyo la palabra en la lista porque no quiero usar una palabra para describir sí misma.

Cómo usar este libro

¡La cosa maravillosa de poseer un libro es que es tuyo! Yo escribí el contenido, pero tan pronto como tú lo poseas, es tuyo. Lo digo porque te animo a considerar a leer este libro de varias maneras. Soy dueño de muchos libros de reflexión y nunca los he utilizado de la misma manera. Sin embargo, tengo unas sugerencias para que aproveches del contenido aquí. Hablémonos brevemente del contenido.

Las reflexiones aquí se escribieron durante el ciclo B de la liturgia, así que frecuentemente tratan de los temas en esas selecciones de escritura. Unos versos de la escritura se incluyen en cada reflexión, y he intentado incluir el contenido más pertinente. Podrías consultar la Biblia a veces para entender el contexto de los versos. También las reflexiones se organizan según las seis características de ser corresponsable. Esta decisión era una necesidad editorial para que el lector pudiera navegar fácilmente el libro. Se podría haber incluido muchas reflexiones en secciones diferentes.

Después de cada reflexión, encontrarás una idea que podría reforzar el mensaje de la selección, o te podría desafiar a salir de ti mismo para crecer personalmente y espiritualmente. Algunas sugerencias son más difíciles de hacer que otras, pero sin duda vas a descubrir perspectivas nuevas y desarrollar espiritualmente si estás dispuesto a practicar la respuesta indicada. Por supuesto, sólo son ideas, y tú puedes tener respuestas e ideas propias. Como líder del catecismo por décadas, he visto que cuando les propongo a los individuos que ellos respondan al mensaje, van a asimilarlo.

Por último, al final de cada reflexión, encuentras preguntas para reflejar. Vas a ver que muchas veces la pregunta te pide que traigas tres cosas a la mente. Hay propósito en esto. He descubierto que la mayoría de personas pueden contestar fácilmente la pregunta: ¿Quién es una persona que necesita tus oraciones? Pero cuando se piden dos personas, el individuo tiene que pensar un poco más; normalmente, cuando pido una lista de tres personas, el individuo tiene que utilizar la mente y el corazón. Por supuesto puedes contestar con una persona sola, pero he construido las reflexiones para que tengas que dedicar tiempo a tus respuestas.

Con cada reflexión hay espacio para cualquier cosa. Responde en cualquier manera que dicta tu personalidad. Soy escritor, pero no puedo llevar un diario. Tantas personas me dicen que los resultados de tener un diario son fantásticos, pero no puedo hacerlo. ¿Escribir a mí mismo? ¡Ay, no! ¿Escribir a Dios? Prefiero charlar en una sala tranquila mientras bebo una copa de vino. Entonces, se puede usar el espacio para escribir, dibujar, garabatear, etc. Puedes adherir unas fotos allí. Puedes notar varias maneras de contestar la pregunta. Por favor, no te restrinjas. Espero que este libro haga la diferencia en cómo consideras la corresponsabilidad y vives tu vida, pero si piensas que el libro requiere que hagas algo que no puedes, se va a quedar en la estantería para siempre.

Aquí hay algunas sugerencias menos obvias de cómo una persona o un grupo de personas puede utilizar el libro:

1. Grupos de oración para la corresponsabilidad diaria

Una característica de ser corresponsable es la responsabilidad. Unir cada semana para compartir los retos y éxitos de ser corresponsable puede fomentar el crecimiento y la madurez espiritual. Los participantes pueden compartir sus experiencias con sus ideas y respuestas a las reflexiones. El grupo puede concentrar en dos o tres reflexiones cada semana. Además, el grupo puede pasar el tiempo discutiendo las seis características que se indican al principio del libro, compartiendo éxitos y fracasos de esa semana.

2. El reto para el desarrollo personal

Te puedes comprometer a leer cada reflexión, realizar las ideas en la respuesta, y reflejar en las preguntas. Te doy garantía de que vas a ser una persona diferente después de completar todas las actividades. ¡Yo sé que escribir todo esto contenido me ha cambiado!

3. Estudio de la Biblia

Entiendo bien que este libro no es un estudio verdadero de la Biblia. Sin embargo, lo puedes usar para acostumbrarte a leer y reflejar en las escrituras, si no lo haces todavía.

4. Reflexiones para un comité de seres corresponsables

Usar una reflexión para empezar o concluir una reunión de un comité de la corresponsabilidad podría ayudarlo a entender que la corresponsabilidad significa más que tarjetas de promesas y ferias del ministerio. De hecho, podría ayudarles a ver la importancia de esas cosas: porque ellas nos guían a una realidad mejor. Palabras claves se imprimen verticalmente a cada página derecha para que puedas encontrar una reflexión adecuada.

Hay varias maneras de usar este libro, pero la cosa importante es que lo uses. No lo dejes en la estantería. El propósito es animar, informar, y evangelizar, y se ha escrito para que todos beneficien al contenido.

Gracias por considerar hacer este viaje. Quizás sea el principio, o sea otro tramo de una expedición poderosa. Sin embargo, recuérdate de que Dios está presente cada día, durante los momentos más pequeños de la vida. Juntos, como seres corresponsables, esfuércenos a mejorar más y más cada día. Vamos a ser discípulos maduros que contestan el llamado diario de Jesús. Nos vamos a transformar, y nuestras comunidades parroquias se van a transformar también.

Empezar el Viaje

El corazón de ser corresponsable

Mientras comían, Jesús tomó el pan, pronunció la bendición, lo partió y lo dio a sus discípulos, diciendo: "Tomen, esto es mi Cuerpo". Después tomó una copa, dio gracias y se la entregó, y todos bebieron de ella. Y les dijo: "Esta es mi Sangre, la Sangre de la Alianza, que se derrama por muchos. Les aseguro que no beberá más del fruto de la vid hasta el día en que beba el vino nuevo en el Reino de Dios".

—Marcos 14, 22-25

¿Qué más se puede dar alguien cuando ya se ha entregado su cuerpo y su vida? ¿Qué más se puede decir o hacer alguien para demostrar su amor por el otro cuando ya ha dado todo al otro? No puede sobrepasar con palabras floridas ni regalos materiales temporáneos el sacrificio completo del yo para los seres queridos. Este amor es lo último. Jesús nos mostró este amor durante su Pasión, en la institución del sacramento de la Eucaristía. Cada día Él tiene este amor cuando celebramos la misa en los altares de cada iglesia, de cada ciudad, de cada nación del mundo. No hay nadie que pueda dar más. No hay nadie que pueda pedir más. Es el corazón verdadero de la corresponsabilidad cristiana.

Si dedicas tiempo a contemplar a Dios en las formas más simples, y si empiezas a reflejar en lo que ha ocurrido cuando el pan y el vino se convierten en la presencia de lo Divino, puedes comenzar a entender la humildad, el sacrificio, y el amor. Y cuando tienes el privilegio de comer la Presencia Verdadera en la comida donde eres un invitado de honor, se hace en armonía con el Uno que es la personificación de la generosidad. Luego, te tienes que preguntar, ¿Cómo puedo empezar a reflejar el amor con el cual me he encontrado durante este banquete? La respuesta es: empezar con acciones sencillas durante el día. ¿Adónde irás? ¿A quién encontrarás? ¿En qué tarea participarás? Jesucristo ha mostrado que el regalo más significativo del mundo se puede disfrazar como pieza de pan. Cuando se une tu cuerpo con el de Cristo, Él te puede transformar el corazón, no a través de los actos grandísimos, sino a través de los actos cotidianos, personas cotidianas, practicando la generosidad cada día.

PARA RESPONDER

¿Conoces a alguien que necesita que lo lleves a la misa, o alguien que asiste a la misa solo? Conoce a esa persona para que él/ella se pueda sentir el corazón de la generosidad.

DEDICA TIEMPO PARA REFLEXIONAR

¿Cuáles son tres cosas rutinarias que puedo cambiar para que la misa tenga unos impactos y resultados más significativos en mi vida?

Luchar por la madurez

Por eso, dejando a un lado la enseñanza elemental sobre Cristo, vayamos a lo más perfecto, sin volver otra vez sobre las verdades fundamentales, como el arrepentimiento por las obras que llevan a la muerte y la fe en Dios. La instrucción sobre los bautismos y la imposición de las manos, la resurrección de los muertos y el juicio eterno. Esto es lo que vamos a hacer, si Dios lo permite.

—Hebreos 6, 1-3

La carta pastoral de los obispos de los EE.UU. en la corresponsabilidad se publicó en 1992 como estímulo a abrazar con el "poder de cambiar cómo entendemos y vivimos nuestras vidas." Nos llama al disculpado maduro que requiere la decisión de seguir a Jesucristo sin importar el precio. Sin embargo, esta idea nos hace acordar de las palabras de Maya Angelou: "La mayoría de las personas no madura. La mayoría de personas envejece. Encuentran plazas de aparcamiento, pagan las tarjetas de crédito, se casan, tiene hijos, y así llaman la madurez. ¡Eso es envejecer!"

La madurez también es la noción que a veces nuestro entendimiento de la Iglesia ha fallado. Los años de hablar de cómo los adolescentes se convierten en adultos en la Iglesia a través de la Confirmación no ayudaron. Crecer no significa madurar. La edad y la experiencia vienen sin considerar nuestros deseos. Lo que aprendemos del paso del tiempo es lo que provoca la madurez.

Los discípulos maduros son de todas las edades, de veras. Para probar la madurez, los obispos nos desafían a preguntar: ¿Voy a seguir a Cristo a cualquier costo? No podemos madurar en la generosidad si siempre consideramos el precio. Pensemos en las reacciones de niños cuando tienen que hacer algo difícil: "¡No es justo! ¡No quiero! ¿Por qué tengo que hacerlo?"

Si seguimos seriamente a Cristo y nos hacemos observadores de nuestras propias vidas, daremos cuenta de que cada día hay precio: unos días hay menos que otros, y otros días hay mucho más. Una persona corresponsable madura va a confrontar los retos con confianza total en el Señor. Sin embargo, se hace más fácil mientras la madurez crece, como indican los obispos americanos, porque vivir así transforma a una persona. La gran promesa es que la gente transformada empieza a transformar el mundo. ¿Quién no quiere eso? ("La gente sin madurez, claro," dice la voz tranquila.) course," said the still, small voice.)

PARA RESPONDER
Lee un buen libro o revista, mira un video que te educa sobre un aspecto menos conocido de la Iglesia católica.

DEDICA TIEMPO PARA REFLEXIONAR

Cuando Dios me llama, ¿por qué es tan difícil responder con madurez? ¿Cómo puedo crecer en la madurez?

Contestar a la pregunta "¿Por qué?"

Él ha querido engendrarnos por su Palabra de verdad, para que seamos como las primicias de su creación. Tengan bien presente, hermanos muy queridos, que debemos estar dispuestos a escuchar y ser lentos para hablar y para enojarnos. La ira del hombre nunca realiza la justicia de Dios. Dejen de lado, entonces, toda impureza y todo resto de maldad, y reciban con docilidad la Palabra sembrada en ustedes, que es capaz de salvarlos. Pongan en práctica la Palabra y no se contenten sólo con oírla, de manera que se engañen a ustedes mismos. El que oye la Palabra y no la practica, se parece a un hombre que se mira en el espejo, pero en seguida se va y se olvida de cómo es.

—Santiago 1, 18-24

La corresponsabilidad no es y nunca debe convertirse solamente en ferias del ministerio, tarjetas de promesa, y directorios de la corresponsabilidad. Ésos son instrumentos que nos ensenan cómo ser generosos, pero no son la corresponsabilidad en sí misma. Todas las acciones de regalar y compartir deben venir de un corazón maduro de una persona que entiende la importancia de estas acciones. Si perdemos la vista de nuestras motivaciones, corremos el riesgo de que nos hacemos una campanilla sin tañído, o un piano sin tono. La respuesta a la pregunta siempre debe estar en la punta de la lengua, y esta pregunta es, ¿POR QUÉ?

Con demasiada frecuencia olvidamos que las actividades de la corresponsabilidad de una parroquia existen para guiarnos a un modo de vida. Cada domingo es un domingo de compromiso. Cada día hay un llamado que tenernos que contestar. Sin la respuesta de la pregunta ¿por qué? nos hacemos la suma de nuestras acciones individuales en vez de hacernos el amor y la gracia que tenemos en el corazón.

Entonces, ¿Por qué compartimos nuestros talentos, bendiciones, y el tiempo? ¿A quién le importa? Podemos contestar básicamente, "Porque Dios nos lo pide." Pero, a cause de que estamos llamados a ser discípulos maduros, la pregunta se hace, ¿Por qué nos pide Dios hacer estas cosas? Y aquí hay el punto crucial. Nos llama a hacer estas cosas para que seamos testigos a la realidad del poder transformativo de Jesucristo, para que otros le sigan a Dios también.

(35) Tener más dinero en la colecta y más manos para trabajar es fantástico. Pero al fin y al cabo, la corresponsabilidad es más que mejorar nuestras vidas en la parroquia; es guiar a los demás al cielo. Si podemos entender eso, cada día será un día importante para la corresponsabilidad, y las personas corresponsables pueden ayudar a Dios a transformar el mundo que les rodea.

PARA RESPONDER

Haz una lista de tres acciones que has hecho para alguien, y tus motivaciones por hacer estas cosas.

DEDICA TIEMPO PARA REFLEXIONAR

¿Entiendo bien las razones específicas por las cuales Dios me ha llamado? ¿Por qué me ha pedido usar mis talentos, bendiciones y tiempo en la parroquia o para ayudar a alguien?

Lo que hacemos

"¿No crees que yo estoy en el Padre y que el Padre está en mí? Las palabras que digo no son mías: el Padre que habita en mí es el que hace las obras. Créanme: yo estoy en el Padre y el Padre está en mí. Créanlo, al menos, por las obras. Les aseguro que el que cree en mí hará también las obras que yo hago, y aún mayores, porque yo me voy al Padre. Y yo haré todo lo que ustedes pidan en mi Hombre, para que el Padre sea glorificado en el Hijo".

—Juan 14, 10-13

Una convicción primaria de la carta pastoral de ser corresponsable es que la corresponsabilidad es un estilo de vida, y no es una serie de acciones. ¿Qué significa estilo de vida? A pesar de la corresponsabilidad, me pregunto, ¿con cuánta frecuencia me he caído en una costumbre que no me deja reflexionar sobre lo que estoy haciendo? El proceso de progresar de acciones al estilo de vida empieza con la respuesta a la pregunta corta pero difícil, ¿POR QUÉ?

Es fácil reconocer que la asistencia alimentaria, el voluntariado por un par de horas, y una llamada a un amigo en la adversidad son cosas buenas. Todas las personas buenas están llamadas a hacer estas cosas. En este caso, la respuesta a la pregunta "¿por qué?" es Cristo. Sin embargo, a veces caemos en la trampa de hacer estas acciones sin reflexionar, aunque son acciones buenas.

Cuando compartimos nuestros talentos, bendiciones y tiempo, hay gran influencia en los demás, pero también hay efectos en nosotros. El efecto se hará aún mejor cuando reflexionemos sobre nuestras motivaciones. El arroyo de la generosidad se puede convertir en un río tremendo con la posibilidad de cambiar el paisaje entero.

PARA RESPONDER
Dona el dinero o alimento a una organización o agencia. Mientras lo haces, considera porque estás llamado a hacerlo, y cómo va a ayudar a alguien.

DEDICA TIEMPO PARA REFLEXIONAR

¿Cuáles son tres cosas generosas que hice durante este año sin reflexionar en las motivaciones?

Ser Consciente

La primera característica
de ser corresponsable

Buena comida

En resumen, sea que ustedes coman, sea que beban, o cualquier cosa que hagan, háganlo todo para la gloria de Dios. No sean motivo de escándalo ni para los judíos ni para los paganos ni tampoco para la Iglesia de Dios. Hagan como yo, que me esfuerzo por complacer a todos en todas las cosas, no buscando mi interés personal, sino el del mayor número, para que puedan salvarse.

—1 Corintios 10, 31-33

Ser corresponsables cada dia requiere que seamos conscientes de las bendiciones que nos ha regalado Dios en cada aspecto de nuestras vidas, y que también actuemos de formas que le dan la gloria a Dios. Es fácil cuando consideramos las acciones profundas que hacemos, como hacer un servicio o recaudar dinero para los pobres, pero Dios también está presente en los momentos ordinarios de la vida.

San Pablo les escribió a los corintios: "Si, pues, coméis o bebéis, o hacéis otra cosa, hacedlo todo para la gloria de Dios." Por supuesto, ¡San Pablo nunca visitó un McDonald's! Aunque es exageración, ser conscientes de quiénes somos, con quiénes asociamos, y lo que hacemos, una experiencia en McDonald's puede glorificar a Dios.

Tengo una foto de mi hijo mayor, con su sombrero de vaquero en su silla de bebé, comiendo su primera cajita feliz en McDonald's. Hace más de 15 años, y en ese momento probablemente no pensé en glorificar a Dios. Sin embargo, reflexioné en ese evento y me di cuenta de que estábamos celebrando la vida y las bendiciones que me había dado Dios. Si hoy estuviera allí, concentraría en los alrededores y aceptaría a Dios en ese momento. Sería consciente de cada mordisco y las expresiones en la cara de mi hijo. Me fijaría en las otras personas allí y me preguntaría si ellos pudieran ver nuestra alegría, y si esa alegría les recordara a la presencia de Dios. Aunque el nombre "cajita feliz" viene de una estrategia de marketing, de veras esa comida fue feliz.

PARA RESPONDER

Durante la próxima comida, sé consciente de la experiencia entera, saboreando cada bocado, y sé consciente de la alimentación diaria que Dios provee.

DEDICA TIEMPO PARA REFLEXIONAR

¿Cuáles son tres estrategias que puedo usar para vivir en el presente y ser consciente de las necesidades de los demás?

Tener la fe

Todavía estaba hablando, cuando llegaron unas personas de la casa del jefe de la sinagoga y le dijeron: "Tu hija ya murió; ¿para qué vas a seguir molestando al Maestro?". Pero Jesús, sin tener en cuenta esas palabras, dijo al jefe de la sinagoga: "No temas, basta que creas". Y sin permitir que nadie lo acompañara, excepto Pedro, Santiago y Juan, el hermano de Santiago, fue a casa del jefe de la sinagoga. Allí vio un gran alboroto, y gente que lloraba y gritaba. Al entrar, les dijo: "¿Por qué se alborotan y lloran? La niña no está muerta, sino que duerme". Y se burlaban de él. Pero Jesús hizo salir a todos, y tomando consigo al padre y a la madre de la niña, y a los que venían con él, entró donde ella estaba. La tomó de la mano y le dijo: "Talitá kum», que significa: "¡Niña, yo te lo ordeno, levántate". En seguida la niña, que ya tenía doce años, se levantó y comenzó a caminar. Ellos, entonces, se llenaron de asombro.

—Marcos 5, 35-42

Cuando era un adolescente participando en el ministerio de los jóvenes, había un hombre que vivía en el área que asistió a los refugios y los encerrados. Nos contó de su hija que sufría muerte cerebral en el hospital. Según los doctores, ella no iba a sobrevivir. Ellos le pidieron su permiso para parar el soporte vital. Para facilitar el proceso de discernimiento, fue a misa en la capilla del hospital. Cuando se acercó a recibir la eucaristía, de alguna manera, la hostia se cayó al suelo. El hombre se inclinó, recogió la hostia, y la consumió. Un par de personas en la misa presenciaron lo que había pasado. Después de la misa, un hombre desconocido le acercó al otro mientras caminaba al ascensor, y le dijo que recoger la Eucaristía fue recoger a Dios, y como consecuencia le esperaba un milagro. Cuando el hombre salió del ascensor, había tanta conmoción. Las enfermeras estaban corriendo a la sala de su hija. Con tanta angustia, corrió a la sala y su hija se despertó y les dijo a todos: tengo hambre. Años después, esta chica asistió la Universidad de Georgetown y se graduó con distinción.

No puedo recordar el nombre de ese hombre. Espero no haber tergiversar los detalles de lo que pasó. Hace 30 años que oí el cuento.

No obstante, el efecto de la historia permanece. Me enseñó la misma cosa que Jesus enseñó a los testigos de la curación de la hija de Jairo: con Dios, todo es posible. Como seres corresponsables, siempre buscamos que las acciones pequeñas resulten las más eficaces. Dios recibe lo que ofrecemos en los momentos ordinarios y Él cumple milagros. Cada día en nuestro mundo caótico e incierto debemos estar conscientes de las palabras de Cristo a Jairo: No temas; cree solamente.

PARA RESPONDER

Toma el riesgo y ponte en contacto con alguien que has evitado. ¡No temas; solamente cree!

DEDICA TIEMPO PARA REFLEXIONAR

¿Cuáles son tres cosas que Dios quiere que yo abandone?

Perdidos y recuperados

Queridos míos, si Dios nos amó tanto, también nosotros debemos amarnos los unos a los otros. Nadie ha visto nunca a Dios: si nos amamos los unos a los otros, Dios permanece en nosotros y el amor de Dios ha llegado a su plenitud en nosotros. La señal de que permanecemos en él y él permanece en nosotros, es que nos ha comunicado su Espíritu. Y nosotros hemos visto y atestiguamos que el Padre envió al Hijo como Salvador del mundo.

—1 Juan 4, 11-14

Cuando tenía seis años, mi buen amigo Max se mudó. Hacía menos de dos años que nos conocíamos, pero todavía nos habíamos cogido mucho cariño. Cuando se mudó yo estaba tan triste. Estaba viviendo en el norte de Virginia y él se mudó a Pittsburgh, que prácticamente es otro país para un niño. Yo sabía que estaba lejos y que nuestra amistad se había acabado. La noche después de la mudanza me desperté llorando y gritando. Mi mamá trató de consolarme, pero aunque sólo tenía seis años, mi dolor era profundo. Le amaba a mi amigo.

1 Juan nos dice: "Si nos amamos unos a otros, Dios permanece en nosotros, y su amor se ha perfeccionado en nosotros. En esto conocemos que permanecemos en él, y él en nosotros." No quiero disminuir las palabras de Juan a puro sentimiento, pero creo que el amor que sentía cuando tenía seis años era casi el amor perfecto que se menciona en la escritura. Un niño, tan inocente y no afectado del cinismo y apatía del mundo adulto, experimentó algo profundo y difícil que mi mamá, sin duda, clasificó como sentimientos inmaduros que disiparían pronto. Como adultos, siempre pensamos así. Pero, 40 años después, todavía lo recuerdo perfectamente. No recuerdo el apellido de Max, ni puedo imaginar su cara, pero recuerdo los sentimientos de ese evento.

¿Qué pasaría si nos tomáramos en serio las palabras de San Juan y amamos a otros como un niño ama a su mejor amigo? Juan nos dice que Dios está presente en ese amor. Esa noche cuando tenía seis años, perdí a un amigo, pero creo que encontré a Dios.

PARA RESPONDER

Contacta a un amigo del pasado a quien no has hablado por muchos años, y pónganse al día.

DEDICA TIEMPO PARA REFLEXIONAR

¿Quiénes son 3 personas a quienes necesito amar mejor? ¿Cómo me puede ayudar Dios a estar gracioso y disponible a ellos?

Curar nuestra duda

Tomás, uno de los Doce, de sobrenombre el Mellizo, no estaba con ellos cuando llegó Jesús. Los otros discípulos le dijeron: "¡Hemos visto al Señor!". Él les respondió: "Si no veo la marca de los clavos en sus manos, si no pongo el dedo en el lugar de los clavos y la mano en su costado, no lo creeré". Ocho días más tarde, estaban de nuevo los discípulos reunidos en la casa, y estaba con ellos Tomás. Entonces apareció Jesús, estando cerradas las puertas, se puso en medio de ellos y les dijo: "¡La paz esté con ustedes!". Luego dijo a Tomás: "Trae aquí tu dedo: aquí están mis manos. Acerca tu mano: Métela en mi costado. En adelante no seas incrédulo, sino hombre de fe". Tomas respondió: "¡Señor mío y Dios mío! Jesús le dijo: "Ahora crees, porque me has visto. ¡Felices los que creen sin haber visto!".

—Juan 20, 24-29

La experiencia de RCIA continúa después de la Vigilia de Pascua durante un periodo mistagógico. Creo que esa palabra significa "Entonces, como ya ha terminado la Vigilia de Pascua, ¿qué hago ahora?" Hace años cuando era un líder de RCIA en una parroquia, abrí la Biblia al evangelio y leí sobre la duda de Tomás. Los demás de los apóstoles habían visto a Cristo, pero Tomás no lo podía creer sin ver a Jesús con sus propios ojos y tocarlo con sus propias manos. Discutíamos la historia cuando una mujer recién bautizada nos dijo: Creo que Tomás era débil. Si yo hubiera sido él, habría creído inmediatamente. Ella tenía tanta confianza en sí misma y sus palabras. Otros del grupo coincidieron en que dudar es la naturaleza humana, y a veces la única cosa que nos puede convencer es la gracia de Dios. Claro, ¡esta mujer nos consideró débiles por pensarlo! Le hablé muchas veces después de esa noche, avisándole sobre la certidumbre de sus palabras.

Desafortunadamente, menos de dos años después, ella rechazó el cristianismo en total. Estaba tan segura que no era capaz de ver su propia debilidad. No estaba lista para los obstáculos de la vida. Creo que el pasaje que habla de Tomás es bien conocido porque la mayoría de nosotros no nos identificamos con los apóstoles; sino, somos Tomás. No somos malos, y no quiero decir que no tenemos ninguna fe. Somos seres humanos. En lugar de regañar a Tomás, Jesus les saluda a él y a los demás, diciendo ¡Paz a vosotros!

Jesus trae la paz frente a nuestros miedos, penas, y dudas. Su misericordia no tiene límites. En vez de regañarnos sobre nuestros defectos, debemos alegrarnos del hecho de que el Señor resucitado es la cura para nuestras enfermedades, y la respuesta a nuestra duda.

PARA RESPONDER
Piensa en una doctrina de la Iglesia que es difícil de entender y pasa tiempo investigando, leyendo y rezando.

DEDICA TIEMPO PARA REFLEXIONAR
¿Cuándo he dudado la presencia de Dios en mi vida?

FE

Como vino fino

"Escuchen otra parábola: Un hombre poseía una tierra y allí plantó una viña, la cercó, cavó un lagar y construyó una torre de vigilancia. Después la arrendó a unos viñadores y se fue al extranjero. Cuando llegó el tiempo de la vendimia, envió a sus servidores para percibir los frutos".

—Mateo 21, 33-34

¿Sabías que hay más de 8 mil bodegas en América del Norte? No todas tienen un viñedo, pero ¡cuántas uvas en las vides! Yo vivo en Carolina del Norte, y hay más de 120 bodegas y/o viñedos a lo largo del estado. El tabaco ya no es un cultivo comercial, así que los campos son fértiles para sembrar las uvas. Parece que "la calle de tabaco" ya se debe llamar "el camino del vino."

Todas las personas deben visitar una bodega o un viñedo una vez, por lo menos. Los dueños y empleados forman una relación con el campo porque trabajan en ella sin parar, es decir, cada día de cada año. Observarlo es una inspiración. El trabajo duro vale la pena, especialmente cuando se produce un vino fino que alegra a la gente (¡y por el cual está dispuesta a pagar el mejor precio!). Yo no me puedo imaginar trabajar tanto. Me alegra que pueda disfrutar del vino simplemente por comprarlo en el mercado.

Ser corresponsables en la bodega del Señor no es tan fácil tampoco. Él nos encomienda mucho para cuidar y cultivar. La esperanza es que se vaya a producir buen fruto. Cuando tenemos que devolver el fruto de nuestro esfuerzo, es posible reaccionar negativamente porque no hemos sido trabajadores productivos. A veces se nos olvida que, con la ayuda del Dueño del viñedo, producimos más fruto de lo que podríamos imaginar.

He visto la alegría en los ojos de un enólogo que ha creado una botella premiada. Cultivar vino fino requiere la práctica, el compromiso, y una pasión por la artesanía. Algunos barriles no son en absolutos los mejores. Los errores ocurren; sin embargo, la perseverancia puede llevar a un vino espectacular.

PARA RESPONDER

Usa el tiempo que te ha dado Dios y termina la tarea que todavía no has terminado. Agradece a Dios por el tiempo que tienes para terminar la tarea.

DEDICA TIEMPO PARA REFLEXIONAR

¿Cuáles son tres aspectos de mi vida con las cuales Dios me puede ayudar a desarrollar más perseverancia?

BUEN FRUTO

La ignorancia no es la felicidad

Cuiden mucho su conducta y no procedan como necios, sino como personas sensatas que saben aprovechar bien el momento presente, porque estos tiempos son malos. No sean irresponsables, sino traten de saber cuál es la voluntad del Señor.

—Efesios 5, 15-17

¡Ah, qué alegría tener 19 años de nuevo! Cuando tenía 20 años, ya había cambiado mi carrera, hablado con un director espiritual sobre la posibilidad de hacerme sacerdote, y empezado a salir con la chica con la cual más tarde me casaría. A los 24 años, tenía esposa y a los 25 años terminé la maestría. Me gustaría decir que supiera exactamente lo que estaba haciendo, pero sería una mentira. Sin embargo, sabía que siempre tenía que intentar seguir el camino del Señor. No fue fácil el proceso de discernir la voluntad de Dios, y a veces exploraba otros caminos, pero eso fue parte del viaje, esperando por la voz de Dios en cada situación.

Hoy, tengo un hijo de 19 años, y él tiene que distinguir la voluntad de Dios. Tengo miedo de que él no esté tan interesado en oír el llamado de Dios. Quizás él querrá seguir por su cuenta, y aunque yo sé que Dios va a estar presente, mi hijo tendrá que ser él que tiene el mando.

San Pablo nos urge que no vivamos en la ignorancia, pero que distingamos la voluntad de Dios. Que interesante que cuando tomemos una decisión basada en nuestra propia información, todavía permanecemos ignorantes si no escuchamos a la voz quieta de Dios. De hecho, las vidas no son nuestras, sino Dios nos las dio con un propósito y plan. Podemos ser instrumentos de Dios aunque digamos "no" a Sus peticiones a veces, pero nunca desarrollaremos todo nuestro potencial sin distinguir Su voluntad y responder con madurez. ¿Van a estar nuestros hijos dispuestos a elegir Su voluntad en vez de la ignorancia? Tenemos que ser ejemplos para ellos.

PARA RESPONDER

Un día toma cinco minutos para rezar, intentando distinguir la voluntad de Dios para ese día.

DEDICA TIEMPO PARA REFLEXIONAR

¿Cómo puedo distinguir mejor la voluntad de Dios para mi vida? ¿Debo rezar más? ¿Requiero un guía espiritual? ¿Debo participar más en los sacramentos?

Habla, Señor, porque tu servidor escucha

Samuel aún no conocía al Señor, y la palabra del Señor todavía no le había sido revelada. El Señor llamó a Samuel por tercera vez. Él se levantó, fue adonde estaba Elí y le dijo: "Aquí estoy, porque me has llamado». Entonces Elí comprendió que era el Señor el que llamaba al joven, y dijo a Samuel: "Ve a acostarte, y si alguien te llama, tú dirás: Habla, Señor, porque tu servidor escucha". Y Samuel fue a acostarse en su sitio. Entonces vino el Señor, se detuvo, y llamó como las otras veces: "¡Samuel, Samuel!". El respondió: "Habla, porque tu servidor escucha".

—1 Samuel 3, 7-10

Hace muchos años que una mujer me pidió consejo porque estaba desempleada y necesitaba ayuda. Después de muchas evaluaciones, exploramos las bendiciones que le había dado Dios. Toda su vida, ella había tenido el mismo tipo de trabajo, entonces empezó a aprender que esa experiencia no la definía. Ella tenía tanto para ofrecer. Después de conversar mucho, le pedí que ella leyera una guía telefónica y que hiciera una lista de profesiones que requerían sus talentos identificados. Aunque no supiera nada de una carrera o no tuviera interés, tuvo que crear una lista de todas formas. Antes de completar la lista, tenía una visión renovada y encontró empleo. Antes de nuestra conversación ella nunca se imaginaba hacer ese trabajo.

También Samuel oyó una voz y trató de contestar. No pilló nada porque no conoció a la persona que le llamó. Tan pronto como Eli le aconsejó en cómo responder, Samuel descubrió su destino y se hizo profeta.

Dios nunca nos llama en aislamiento de la comunidad. A veces otros pueden ver nuestras bendiciones y talentos que nosotros no podemos ver. El discernimiento permite que los discípulos se hagan corresponsables, haciendo posible el conocimiento para madurar y hacerse la creación intencionada de Dios. No podemos funcionar sin el Cuerpo de Cristo, ni podemos encontrar nuestros propios lugares.

La Iglesia necesita más personas como Samuel para que la Noticia Buena pueda influir nuestra sociedad. Por lo menos hay un Eli para cada Samuel. Dios nos llama y tenemos que contestar como corresponde.

PARA RESPONDER

Haz una lista de los varios papeles que juegas (e.j. padre, hijo, empleado, estudiante) y reflexiona en dónde está Dios en cada papel.

DEDICA TIEMPO PARA REFLEXIONAR

¿Quiénes son tres personas en las cuales confío para ayudarme a distinguir la voluntad de Dios?

Cosas pequeñas, efectos grandes

También decía: "¿Con qué podríamos comparar el Reino de Dios? ¿Qué parábola nos servirá para representarlo? Se parece a un grano de mostaza. Cuando se la siembra, es la más pequeña de todas las semillas de la tierra, pero, una vez sembrada, crece y llega a ser la más grande de todas las hortalizas, y extiende tanto sus ramas que los pájaros del cielo se cobijan a su sombra". Y con muchas parábolas como estas les anunciaba la Palabra, en la medida en que ellos podían comprender.

—Marcos 4, 30-33

Un día de verano, mi familia y yo estábamos en una tienda del dólar, comprando provisiones para una escapada de fin de semana. Siempre se puede encontrar algo útil en una tienda del dólar. Mis hijos encontraron estas cosas pequeñas que supuestamente se convierten en toallas cuando les echas agua. ¿Qué? Primero, ¿no debe estar seco la toalla cuando estás mojado? ¿Quién quiere una toalla que solamente crece cuando le echas el agua? Segundo, ¿esta cosa de una pulgada se iba a transformar en toalla para usar en el cuerpo? Estaba escéptico. Por otro lado, ¿quién puede decir "no" cuando solamente cuestan un dólar? Todos pueden adivinar lo que pasó: ¡Funcionó! ¿Por qué no me vendieron una toalla regular por un dólar? Porque mis hijos no habrían querido una toalla regular.

¿En qué se convierte realmente una semilla de mostaza? Cuando algo es pequeño, todos piensan que su poder también es pequeño. Pero según la parábola, esa semilla, cuando se planta y se riega, se va a convertir en una planta enorme. Nuestras acciones diarias parecen pequeñas, pero tienen gran poder y pueden hacer la diferencia en ser corresponsable. Tus acciones y palabras, como las semillas de mostaza, echan raíces en las vidas de otros, y aumentan el reino de Dios. Todavía lo sabemos. Hemos visto la influencia de nuestros talentos, tiempo, y bendiciones: pueden cambiar las actitudes, sentimientos, y vidas de los demás. En sus parábolas, Jesus nos trató de enseñarlo. Si todavía no lo captas, ve a una tienda del dólar. ¡Ejemplos de cosas pequeñas que hacen diferencias enormes sólo cuestan un dólar!

PARA RESPONDER

En los próximos días, diles tres cosas amables a los demás que normalmente no dirías. Nota cómo reacciona cada persona.

DEDICA TIEMPO PARA REFLEXIONAR

¿Hay personas a quienes has conocido que han sido como Cristo a través de sus palabras o actos? ¿Qué piensas que les motivaron?

Rezar mucho

La segunda característica
de ser corresponsable

Nunca estás solo

Al llegar el día de Pentecostés, estaban todos reunidos en el mismo lugar. De pronto, vino del cielo un ruido, semejante a una fuerte ráfaga de viento, que resonó en toda la casa donde se encontraban. Entonces vieron aparecer unas lenguas como de fuego, que descendieron por separado sobre cada uno de ellos. Todos quedaron llenos del Espíritu Santo, y comenzaron a hablar en distintas lenguas, según el Espíritu les permitía expresarse.

—Hechos de los Apóstoles 2, 1-4

Para mi hijo mayor, el primer año en la universidad fue más difícil de lo que había anticipado. En sus clases de la escuela secundaria, recibió buenas notas y era uno de los alumnos más inteligentes de la escuela. Ahora, asistía a una universidad con estudiantes de orígenes y experiencias similares. Él no era nada especial. Su madre y yo le sugerimos que él consultara con un tutor. El consejo le sorprendió porque en la escuela él siempre había sido el tutor. Después de reflexionar, nos dijo: "me gusta hacer las cosas por mí mismo."

Frecuentemente nos comportamos así. No queremos aceptar la ayuda de otros. Pensamos que pedir la ayuda significa que nos faltan la capacidad y la habilidad. Cuando alguien nos ofrece la ayuda, rápidamente contestamos, "no, gracias, estoy bien." Pero a veces estamos cualquier cosa menos bien.

No es fácil vivir una vida de corresponsabilidad como discípulo prometido de Jesús. De hecho, con certidumbre vamos a fallar. El fracaso inevitable se llama el pecado. La Gracia nos permite continuar nuestro viaje. Durante el primer Pentecostés, los seguidores de Jesús recibieron el Espíritu Santo, que les guiaba. Más de 2000 años después, el Espíritu Santo todavía nos anima y guía. La ayuda por el viaje siempre está disponible, mientras el pecado y la tentación nos quieren impedir. A través de los regalos del Espíritu, podemos distinguir y determinar con sabiduría, lo cual disminuye las consecuencias negativas de la vida. Toma la mano de Dios y permite que Su Espíritu te lleve y te guíe. No vuelvas al pasado después del viaje y decir: me gusta hacer las cosas por mí mismo. Nunca estás solo

PARA RESPONDER

Pídele a alguien que sea tu compañero de oración, y habla con esa persona cada semana para discutir cómo han sido sus vidas espirituales esa semana.

DEDICA TIEMPO PARA REFLEXIONAR

¿Cuáles son tres Regalos del Espíritu Santo que necesito en mi vida espiritual? (Son el temor de Dios, la piedad, la inteligencia, la ciencia, el consejo, la sabiduría, y la fortaleza. ☺)

Por el amor de Dios, ¡descansa!

Los Apóstoles se reunieron con Jesús y le contaron todo lo que habían hecho y enseñado. Él les dijo: "Vengan ustedes solos a un lugar desierto, para descansar un poco". Porque era tanta la gente que iba y venía, que no tenían tiempo ni para comer. Entonces se fueron solos en la barca a un lugar desierto.

—Marcos 6, 30-32

Ser padre es un trabajo que nunca permite el descanso. Cuando está de vacaciones, un padre nunca deja de realizar sus tareas: proveer, conducir, disciplinar. Por eso, tantas personas necesitan una vacación después de las vacaciones.

Hay personas que nunca descansan y siempre trabajan. Tienen móviles en casa, en el restaurante, y en el hotel durante las vacaciones. Sus profesiones serán exigentes, y ojalá que realicen bien sus tareas para sus empleadores, pero siempre parecen estar preocupados.

Según Marcos 6, Jesús sugirió que los apóstoles descansaran. No habían comido porque el público había sido aplastante. Jesús les llevó a un lugar solitario. Sin embargo, el público los encontró, así que Jesús continuó a enseñar. No dice lo que hicieron los apóstoles durante ese tiempo, pero supongo que no descansaron.

Todos necesitamos descansar. El problema es que no entendemos la importancia del descanso. Pensamos que el descanso es carente de la productividad. El descanso no sólo es una actividad, sino es, a veces, el único momento para pasar tiempo con Dios. ¿Cómo podemos decir que nuestra relación con Dios es importante si nunca pasamos tiempo con Él? No descansar en la presencia de Dios es mal uso del tiempo. Los apóstoles lo necesitaron. Los empleados lo necesitan. Los padres lo necesitan. Todos necesitan descansar. Se dice que nunca descansamos porque pensamos que no tenemos el permiso, y otros nos van a considerar perezosos. Lee Marcos 6. A veces las circunstancias hacen que el descanso sea difícil, pero Jesús ya te ha dado el permiso.

PARA RESPONDER

Durante la próxima semana, siéntate en silencio por 15 minutos, cálmate la mente, y no pienses en nada. Relájate en Dios sin usar palabras ni pensamientos.

DEDICA TIEMPO PARA REFLEXIONAR

¿Cuáles son tres cosas pequeñas en tu vida que puedes cambiar para hacer que la vida sea menos caótica y más fácil de concentrar en Dios?

RELAJAR

Confiar en el Señor

Todavía estaban hablando de esto, cuando Jesús se apareció en medio de ellos y les dijo: "La paz esté con ustedes". Atónitos y llenos de temor, creían ver un espíritu, pero Jesús les preguntó: "¿Por qué están turbados y se les presentan esas dudas? Miren mis manos y mis pies, soy yo mismo. Tóquenme y vean. Un espíritu no tiene carne ni huesos, como ven que yo tengo". Y diciendo esto, les mostró sus manos y sus pies.

—Lucas 24, 36-40

¿Has participado o sido testigo de actividades que fueron diseñadas para enseñarte sobre el tema de la confianza? Algunas actividades incluyen a personas que se caen de una mesa o silla en los brazos de otros. Una variación incluye a una persona que se mueve y su voz se hace más distante. En secreto, otros se han acercado, listos para agarrar a la persona cuando se cae, pero la persona todavía tiene que confiar en la voz distante. Si una persona nunca ha participado en este tipo de actividad, puede ser difícil confiar en los demás.

Confiar en Dios no es fácil tampoco. A veces tenemos miedo de renunciar a nuestra libertad. Otras veces nos consume la duda. Después de Su resurrección, Jesús apareció a sus discípulos. Una vez, apareció inmediatamente después de que unos le habían encontrado en el camino hacia Emmaus. Les preguntó: "¿Por qué están afligidos? ¿Por qué tienen tantas preguntas?" Lo podían ver con sus propios ojos, y todavía no podían confiar en Él. Como los ejercicios en la confianza que se describen arriba, era necesario tener confiar y creer, pero es más fácil decirlo que hacerlo.

¿Qué te impide tener la confianza en Dios? Vivir una vida corresponsable requiere la confianza en Dios. Hay veces en las que dudamos nuestra capacidad de perseverar, o nos preguntamos si se merece vivir así: es la naturaleza humana. A través de la Iglesia, la escritura sagrada, y los sacramentos, nuestros corazones y mentes se van a abrir al Señor crucificado y resucitado. Y, después, si nos pide, vamos a estar abiertos a la confianza, y nos podemos caer en sus brazos cariñosos.

PARA RESPONDER

Busca y mira videos en YouTube de actividades que edifican la confianza. Determina cómo cada actividad habla de tu relación con Dios.

DEDICA TIEMPO PARA REFLEXIONAR

¿En cuáles tres áreas de mi vida necesito confiar más en Dios?

CONFIANZA

Milagros diarios

Cuando salió de la sinagoga, fue con Santiago y Juan a casa de Simón y Andrés. La suegra de Simón estaba en cama con fiebre, y se lo dijeron de inmediato. Él se acercó, la tomó de la mano y la hizo levantar. Entonces ella no tuvo más fiebre y se puso a servirlos. Al atardecer, después de ponerse el sol, le llevaron a todos los enfermos y endemoniados, y la ciudad entera se reunió delante de la puerta. Jesús curó a muchos enfermos, que sufrían de diversos males, y expulsó a muchos demonios; pero a estos no los dejaba hablar, porque sabían quién era él.

—Marcos 1, 29-34

Según los evangelios, Jesucristo llevaba a cabo milagros de curación con frecuencia. Curó las enfermedades, restauró la vista a los ciegos, hizo andar a los cojos, expulsó los demonios, y resucitó a los muertos. Entendemos que Cristo hizo estas cosas no sólo porque amaba a la gente, sino también porque quería que los testigos de estos eventos tuvieran fe en Su poder.

Es trago amargo cuando rogamos por la curación y nada ocurre. Empezamos a poner en cuestión la sinceridad de nuestra oración. Nuestro dolor nos hace considerar si Dios nos escuchó.

Si piensas lógicamente, nadie se enfermaría ni se moriría si Dios curara a todos. Por supuesto, no ama a los que cura más que a los demás, y los milagros no ocurren solamente cuando los profesionales los piden.

El asombro de los milagros ocurre para que nos recuerde la presencia de Dios. A pesar de las apariencias, hay poco que separa lo natural de lo sobrenatural, y hay poca diferencia entre la realidad en la cual vivimos y a la cual progresamos. Los seres corresponsables pueden ver la presencia de Dios en tantas personas, lugares y situaciones cada día. La realidad del "ahora mismo" y el "todavía no" se mezclan tan perfectamente que la definición de un milagro se hace menos obvio. Si un milagro es algo extraordinario para que el mundo pueda creer, pues Jesús de veras los hace para todos. Simplemente tenemos que prestar atención.

PARA RESPONDER

Encuentra a alguien que necesita el milagro de un amigo e invítalo a comer.

DEDICA TIEMPO PARA REFLEXIONAR

¿Cuáles son tres cosas que considero ser milagros pequeños en mi vida? ¿He agradecido a Dios por esas cosas?

No soy Dios

Entraron en Cafarnaúm, y cuando llegó el sábado, Jesús fue a la sinagoga y comenzó a enseñar. Todos estaban asombrados de su enseñanza, porque les enseñaba como quien tiene autoridad y no como los escribas. Y había en la sinagoga un hombre poseído de un espíritu impuro, que comenzó a gritar; "¿Qué quieres de nosotros, Jesús Nazareno? ¿Has venido para acabar con nosotros? Ya sé quién eres: el Santo de Dios". Pero Jesús lo increpó, diciendo: "Cállate y sal de este hombre". El espíritu impuro lo sacudió violentamente, y dando un alarido, salió de ese hombre. Todos quedaron asombrados y se preguntaban unos a otros: "¿Qué es esto? ¡Enseña de una manera nueva, llena de autoridad; da órdenes a los espíritus impuros, y estos le obedecen!".

—Marcos 1, 21-27

Cuando asistí a una conferencia de pastores, alguien dijo al público: "El trabajo del pastor no es cambiar el mundo. El trabajo del pastor es declarar la verdad que el mundo ya ha cambiado a través de la muerte y resurrección de Jesucristo." Me sorprendió oír lo que ya sabía: Dios es Dios, y no soy Dios. Todo lo que hago no es nada frente a lo que ha hecho Dios. Pero, mis hechos pequeños pueden tener un gran efecto cuando Dios me utiliza.

Jesús sorprendió al público con sus enseñanzas autoritarias y sus milagros. Estaban asombrados, diciendo: "Él manda aun a los espíritus inmundos y le obedecen." Parecía que Él controlaba todo, y fue la verdad.

Muchas veces nos engañamos que somos las claves del éxito para ocasionar la justicia social, traer la paz, y edificar la comunidad. Pensamos que todo va a fracasar si estamos llamados a otro lugar. Hemos cedido a la mentira que todo es debido a nosotros, y Dios ha tenido un papel secundario. Olvidamos que Dios es más grande que nosotros, y que su plan siempre es mejor que el nuestro.

Un buen pastor permite que Cristo ejerza Su autoridad en nuestras vidas. Nos entregamos sin ningún precio e intentamos cultivar nuestras bendiciones, pero también nos sometemos a Su voluntad y a la manera en la cual nuestros talentos pueden influir en el mundo. Hacemos todo con el conocimiento de que Su plan tiene un principio y un fin. El fin ya se ha determinado. Nosotros tenemos que trabajar entre los dos períodos para que el viaje refleje bien la realidad de Su amor.

PARA RESPONDER

La próxima vez que estás inquieto sobre una situación que no puedes controlar, reza a Dios con estas palabras: "Eres Dios y no soy Él. Por favor, ayúdame. Amen."

DEDICA TIEMPO PARA REFLEXIONAR

¿Cuáles son tres aspectos de mi vida que trato de controlar aunque no puedo? ¿Cómo puedo permitir que Dios los controle?

La bendición del ocio

Acuérdate del día sábado para santificarlo. Durante seis días trabajarás y harás todas tus tareas; pero el séptimo es día de descanso en honor del Señor, tu Dios. En él no harán ningún trabajo, ni tú, ni tu hijo, ni tu hija, ni tu esclavo, ni tu esclava, ni tus animales, ni el extranjero que reside en tus ciudades. Porque en seis días el Señor hizo el cielo, la tierra, el mar y todo lo que hay en ellos, pero el séptimo día descansó. Por eso el Señor bendijo el día sábado y lo declaró santo.

—Éxodo 20, 8-11

Los meses del verano traen muchas oportunidades para el descanso y recreo. No obstante, nuestro mundo apresurado nos negaría los regalos del tiempo y espacio. Nos encontramos en lugares donde el ocio significa la pereza o falta de compromiso. Pero, ¿fue Dios quien nos dio el ejemplo del descanso cuando descansó el séptimo día de la creación? Y, si todo lo que tenemos proviene de Dios, evitar el descanso y el ocio es ignorar una bendición crucial, ¿no?

Cuando incluimos la "inactividad" en nuestras vidas y nuestros años, reconocemos que no somos la suma de nuestras carreras, profesiones, tareas, o paternidad. Dios nos ha dado tanto, y a veces tomar un descanso de nuestras rutinas es la única manera por la cual experimentamos la abundancia de nuestras bendiciones. Josef Pieper, un filósofo católico alemán, se dedicó a escribir de estos temas. En su libro, *El Tiempo Libre: la Fundación de la Cultura*, escribió del peligro de obsesionarnos con nuestros deberes. Escribió: *"Por supuesto el mundo de carrera empieza a hacerse – amenaza a hacerse – el único mundo, a la exclusión de todo el resto. Las exigencias del mundo de trabajo crecen más y más, agarrando la totalidad de la existencia humana"*.

Sin importar si sea el verano u otro tiempo, seamos buenos pastores corresponsables a través de tomar descanso en el Señor. A veces los campos tienen que estar en barbecho para que la lluvia y el sol los alimenten. Por eso, el sembrador puede decidir cuáles cultivos se plantan, y cuales semillas se siembran. Después, cuando llegue la cosecha, será fructífera.

PARA RESPONDER

Toma un día libre, o pasa algún sábado sin hacer nada. Descansa en Dios.

DEDICA TIEMPO PARA REFLEXIONAR

¿Cuándo fueron los tres mejores momentos de tranquilidad para mí? ¿Invité a Dios durante esos momentos?

El calcular el amor

Cuando los fariseos se enteraron de que Jesús había hecho callar a los saduceos, se reunieron en ese lugar, y uno de ellos, que era doctor de la Ley, le preguntó para ponerlo a prueba: "Maestro, ¿cuál es el mandamiento más grande de la Ley?". Jesús le respondió: "Amarás al Señor, tu Dios, con todo tu corazón, con toda tu alma y con todo tu espíritu. Este es el más grande y el primer mandamiento. El segundo es semejante al primero: Amarás a tu prójimo como a ti mismo. De estos dos mandamientos dependen toda la Ley y los Profetas".

—Mateo 22, 34-40

¿Has consultado en Google la palabra "amor"? Si lo hubieras hecho, habrías encontrado algo llamado "Calculadora de Amor". Es un sitio web en el cual se escriben dos nombres, y se calcula la tasa de éxito de una relación. Por curiosidad, escribí los nombres de mi esposa y yo: ¡20%! ¡Espero que mi esposa no lo lea!

Después, escribí los nombres de Dios y yo: ¡un gran porcentaje de 13! El último intento, escribí los nombres de Jesús y yo, y calculó el lamentable porcentaje de cero. ¿Soy tan odioso? Claro, leí la letra pequeña al final de la página: "Por favor, nota que este sitio no es nada serio." ¡Qué chocante!

La verdad es que cada vez más el mundo moderno no tiene ninguna idea de lo que es el amor, ni cómo identificar el amor auténtico. Por eso, las palabras de Cristo se hacen complicadas cuando nos manda que amemos a Dios y a nuestro prójimo. ¿Cómo amas a Dios con todo tu corazón, alma y mente si no entiendes el acto de amar? Además, ¿en qué consiste amar al prójimo? Se hace más complicado cuando Jesus te manda que lo ames como a ti mismo. Creo que estarás de acuerdo en que hay mucha gente que no se ama a sí misma. Reconocer el amor hoy en día no es tan fácil. ¿Cómo encuentra el amor verdadero una persona que tiene buenas intenciones?

¿No conoces el amor auténtico? Creo que ya lo conoces. Mira fijamente al crucifijo en tu iglesia, casa, u oficina. La respuesta se dio hace dos mil años, y la imagen permanece para que todo el mundo la pueda ver.

PARA RESPONDER

En una hoja de papel o una carta, escribe una nota a alguien sobre cuanto amas a esa persona.

DEDICA TIEMPO PARA REFLEXIONAR

¿Cómo ha cambiado mi entendimiento del amor a lo largo de mi vida? Cuando miro a la Cruz, ¿Qué me dice de la naturaleza del amor?

Estar Agradecido

La tercera característica
de ser corresponsable

El McCoy Auténtico[1]

Grábame como un sello sobre tu corazón,
como un sello sobre tu lazo,
porque el Amor es fuerte como la Muerte,
inflexibles como el Abismo son los celos.
Sus flechas son flechas de fuego,
sus llamas, llamas del Señor.
Las aguas torrenciales no pueden apagar el amor,
ni los ríos anegarlo

—Cantar de los Cantares 8, 6-7

Yo colecciono caritas sonrientes. Las perlas más preciadas de mi colección tienen el autógrafo de Harvey Ball, y las caritas en cerámica de McCoy. Cuando empecé la colección, busqué el símbolo de McCoy en cada pieza de cerámica para verificar que era un "McCoy auténtico." El sello del símbolo me informó que se había hecho en los años 70, y se fue hecho por el productor auténtico en Ohio. Sin el sello, tenía que suponer que una pieza era falsa o imitadora, procediendo de cualquier lugar y siendo de nadie conocido.

Durante un discurso en 2009, el papa emérito Benedicto XVI habló así de la Santísima Trinidad: "En todo lo que existe se encuentra, en cierto sentido, impreso el "nombre" de la Santísima Trinidad, pues todo el ser hasta las últimas partículas es ser en relación, y de este modo se trasluce el Dios-relación, se trasluce en última instancia el Amor creador. Todo procede del amor, tiende al amor, y se mueve empujado por el amor." Es decir que tú y yo, y todas las cosas materiales, estámos marcados con esta huella. Esta huella señala nuestro origen y nuestro Creador.

Esto implica tres realidades importantes: 1) Toda la creación es importante y preciosa; 2) Toda la creación es del Creador y está marcada con su huella; y, 3) El origen y propósito de la creación es el amor. Una persona corresponsable debe estimar a todas personas y cosas por todas partes, y tratar a los demás con cariño y compasión. Hasta nuestras posesiones y nuestros recursos que usamos para co-crear con

Dios se están marcados con Su huella. Nuestros hijos, padres, hermanos, amigos, vecinos y enemigos tienen la marca. No hay nada ni nadie que sea desconocido. Todo es de Dios. Todo es el "McCoy auténtico."

PARA RESPONDER

Haz una lista de todas las personas y cosas que amas. Ponla en parte trasera del libro para referencia futura.

DEDICA TIEMPO PARA REFLEXIONAR

¿A quién o qué trato con menos respeto de lo que merece?

1 *En ingles la frase, "the Real McCoy", significa que algo o alguien es verdadero y auténtico, y que no existe sustituto. Hay varias explicaciones del origen de la frase. Es similar a la frase inglesa, "the real deal."*

Lecciones del patio de recreo

"No son ustedes los que me eligieron a mí, sino yo el que los elegí a ustedes, y los destiné para que vayan y den fruto, y ese fruto sea duradero. Así todo lo que pidan al Padre en mi Nombre, él se lo concederá".

—Juan 15, 16

¿Te acuerdas de ser niño y elegir capitanes para juegos de kickball, fútbol y otros deportes que no requieren más que una pelota? Los niños se sentaban en el bordillo, esperando su destino. "Seguramente no seré yo la última elección," piensa cada niño y niña. Pero alguien siempre tuvo que ser el último. Normalmente uno de los dos últimos elegidos pensaba que el no era tan horrible, y otro sabía que era horrible. Adivina quién fue elegido primero, asegurando que el único sobreviviente de este ritual se quedaba y consideraba sus motivos de salir de casa esa mañana. ¡Qué buena experiencia!

Normalmente una persona se siente querida y especial cuando alguien le selecciona. Se da cuenta de que alguien reconoce algo valioso que merece respeto. La persona se hace parte de algo más grande, una comunidad, aunque sea una comunidad de dos personas, como en el matrimonio.

Mucha gente dice que ha elegido a Cristo. Hay una canción popular que exclama: "Voy a elegir a Cristo." Pero lo que has elegido es la acción. Si eres cristiano, eliges seguir, imitar, y convertirte en Cristo. Pero no has elegido a Cristo; Él te ha elegido a ti.

Según el evangelio de San Juan, Jesús habla con sus discípulos: "Ustedes no fueron los que me eligieron a mí, sino que fui yo quien los eligió a ustedes." No pienses por un momento que tú elegiste esta vida. Tú fuiste el elegido, y no hubo ningún primero, segundo, ni último. Dios veía algo valioso y te eligió. No importa cuantas veces te estropees y empieces a sentir que no eres suficiente para Él; te recuerda que todavía eres una estrella en Su equipo. Una y otra vez te elegirá.

PARA RESPONDER

Disfruta de algo delicioso que te encanta. Celebra el hecho de que Dios te ha elegido.

DEDICA TIEMPO PARA REFLEXIONAR

Porque soy elegido y tengo valor, ¿cuáles son tres talentos o regalos que puedo devolver a Dios con un corazón agradecido?

ELEGIDO

Alimento para la tarea adelante

"Yo soy la verdadera vid y mi Padre es el viñador. El corta todos mis sarmientos que no dan fruto; al que da fruto, lo poda para que dé más todavía. Ustedes ya están limpios por la palabra que yo les anuncié. Permanezcan en mí, como yo permanezco en ustedes. Así como el sarmiento no puede dar fruto si no permanece en la vid, tampoco ustedes, si no permanecen en mí. Yo soy la vid, ustedes los sarmientos El que permanece en mí, y yo en él, da mucho fruto, porque separados de mí, nada pueden hacer. Pero el que no permanece en mí, es como el sarmiento que se tira y se seca; después se recoge, se arroja al fuego y arde. Si ustedes permanecen en mí y mis palabras permanecen en ustedes, pidan lo que quieran y lo obtendrán".

—Juan 15, 1-7

Yo recuerdo a una mujer con la cual trabajaba en RCIA, y ella decidió convertir al catolicismo debido a la Eucaristía. Había experimentado la Sagrada Comunión en otras confesiones, pero éstas no sostenían que la Eucaristía es la presencia verdadera de Cristo. Después de darse cuenta de que el pan y el vino se convierten en Cristo durante la misa, me dijo que sin participar en la misa y recibir de la Eucaristía cada semana, no podía ser la persona que ella misma quería ser. Después de convertir al catolicismo, empezó a asistir la misa cada día por el mismo motivo: la Eucaristía.

La Vida de Corresponsabilidad Cristiana: Una reflexión de la Lógica del Compromiso, publicado por el International Catholic Stewardship Council, nos dice: "Para ser efectivo en servicio a Dios y la humanidad, la corresponsabilidad cristiana tiene que venir de la celebración litúrgica en la Iglesia. Aquí, se encuentran los motivos sobrenaturales, la palabra de Fe, y la gracia necesaria para cumplir la tarea." Luego el documento cita al evangelio de 15 Juan, en que Jesus enseña: "Yo soy la vid, ustedes son los sarmientos." La realidad es sencilla: sin el alimento de la vid (Jesus), los sarmientos (tú y yo) no pueden dar fruto, y se marchitarán y morirán.

Comprométete nuevamente a la Eucaristía. Ven a misa temprano para calmar tu corazón y mente. Sé atento y participa. Esté consciente de tus acciones, sentidos, e intenciones. Acércate a la Eucaristía y acuérdate de la realidad que estás encontrando y consumiendo a nuestro Señor resucitado. No permitas que los momentos de la misa te pasen desapercibidos. Entonces, descubrirás el alimento necesario para proclamar al mundo las Buenas Noticias de la Pascua. Dios te prepara cumplir la tarea.

PARA RESPONDER
Haz un tour por una bodega o un viñedo y aprende cómo se produce el vino. Nota el valor de producir buenas uvas para producir buen vino.

DEDICA TIEMPO PARA REFLEXIONAR

¿Qué tres aspectos de la misa me hablan mientras intento seguir a Cristo?

Gracias por todo

Todo lo que Dios ha creado es bueno, y nada es despreciable, si se lo recibe con acción de gracias, porque la Palabra de Dios y la oración lo santifican.

—1 Timoteo 4, 4-5

Un día, estaba en mi coche, esperando recoger a mi hija después de un estudio de la Biblia para adolescentes. Ella estaba caminando con una amiga que había hablado de bautizarse. Sus padres se habían divorciado, y debido a circunstancias fuera de su control, ella nunca se había bautizado. Había madurado en la edad y en la fe, y quería encajar. Las dos se acercaron al carro. Bajé la ventana, y la amiga me agradeció por invitarla a misa el domingo anterior. Le dije que siempre estaba bienvenida. Pensé: ¡qué bueno que ella me diera las gracias por algo que yo nunca había considerado!

Cuando empiezas a considerar que todo es una bendición, no puedes evitar el agradecimiento. Das gracias por las cosas obvias: la vida, la familia y el amor. Pero también das gracias por las cosas menores: un viaje, un acto, y una oración. Te das cuenta de que todos las acciones de agradecer glorifican a Dios, si se dirigen directamente a Dios a través de una oración, o si están dirigidas a una persona amable. Porque Dios creó todas las cosas, y el reconocimiento de lo bueno glorifica al Creador.

Los corresponsables son más optimistas en nuestro mundo caótico porque consideran que la vida es tan preciosa y todo trabaja junto para sostener lo bueno. Cuando alguien expresa o experimenta la gratitud, se abre un camino a la esperanza cuando todo parece imposible, y enseña el amor frente al odio. Cosas como el deseo de una joven de bautizarse se hacen posibles frente a una cultura, y tal vez a unos padres, que lo ven como ridículo. Gracias a Dios.

PARA RESPONDER

Siéntate y escribe una carta de agradecimiento a alguien que merece tu gratitud. ¡Envíala! (Si, ¡por correo normal!)

DEDICA TIEMPO PARA REFLEXIONAR

¿Cómo puedo mostrar más gratitud a los que han cambiado mi vida?

GRATITUD

Guiarlos al amor

Entonces le presentaron a un sordomudo y le pidieron que le impusiera las manos. Jesús lo separó de la multitud y, llevándolo aparte, le puso los dedos en las orejas y con su saliva le tocó la lengua. Después, levantando los ojos al cielo, suspiró y dijo: "Efatá", que significa: "Ábrete". Y enseguida se abrieron sus oídos, se le soltó la lengua y comenzó a hablar normalmente. Jesús les mandó insistentemente que no dijeran nada a nadie, pero cuanto más insistía, ellos más lo proclamaban y, en el colmo de la admiración, decían: "Todo lo ha hecho bien: hace oír a los sordos y hablar a los mudos".

—Marcos 7, 32-37

Cuando era niño, yo corría a la habitación donde dormían mis padres si se me ocurrió sólo una idea espantosa. Una noche fue la película que había visto antes de dormirme. Otra noche pensé en lo que pasaría si se muriera un ser querido. Cualquiera sea la razón por el miedo, la proximidad de mi madre o padre dispersaba los miedos. Me sentí completamente seguro.

Mientras crecía, me di cuenta de que mis padres no me podían proteger de todo, y fue bueno porque la mayoría de las cosas que temía cuando era niño ahora me parecen, bueno, infantil. Mas tarde, mis propios hijos buscaron los confines seguros de nuestra cama, y me acuerdan otra vez de los días de ser niño.

No puedo hacer mucho para calmar los miedos de mis hijos, salvo amarlos. Sin embargo, puedo dirigirlos al Uno, quien puede vencer a cada persona o cosa que les quiera hacer daño. Él los puede ayudar a ver si ellos no pueden, y enseñarlos a hablar si no pueden, y ayudarlos a caminar de nuevo después de caerse. Su nombre es Jesús, claro.

Ojalá que yo pueda hacer estas cosas, porque los amo tanto. Pero mi responsabilidad es guiarlos al Uno que puede hacer estas cosas. Él me los ha encomendado, y tengo que devolverlos a Él. Una persona corresponsable haría lo mismo. Cuando los hijos son jóvenes, es posible que piensen que el amor paterno es suficiente, pero cuando sean adultos, necesitarán el amor del Uno, quien de veras es suficiente. Porque no es simplemente humano; es milagroso.

PARA RESPONDER
Piensa en alguien que vive en la aprensión, o alguien que tiene miedo de algo específico. Ora por esa persona y contáctala.

DEDICA TIEMPO PARA REFLEXIONAR

¿Quién es una persona que Dios me ha confiado para llevarlo más cerca de Él?

JESÚS

Ser Benévolo

*La cuarta característica
de ser corresponsable*

Estómagos llenos de amor

Al levantar los ojos, Jesús vio que una gran multitud acudía a él y dijo a Felipe: "¿Dónde compraremos pan para darles de comer?". Él decía esto para ponerlo a prueba, porque sabía bien lo que iba a hacer. Felipe le respondió: "Doscientos denarios no bastarían para que cada uno pudiera comer un pedazo de pan". Uno de sus discípulos, Andrés, el hermano de Simón Pedro, le dijo: "Aquí hay un niño que tiene cinco panes de cebada y dos pescados, pero ¿qué es esto para tanta gente?". Jesús le respondió: «Háganlos sentar". Había mucho pasto en ese lugar. Todos se sentaron y eran uno cinco mil hombres. Jesús tomó los panes, dio gracias y los distribuyó a los que estaban sentados. Lo mismo hizo con los pescados, dándoles todo lo que quisieron. Cuando todos quedaron satisfechos, Jesús dijo a sus discípulos: "Recojan los pedazos que sobran, para que no se pierda nada". Los recogieron y llenaron doce canastas con los pedazos que sobraron de los cinco panes de cebada. Al ver el signo que Jesús acababa de hacer, la gente decía: "Este es, verdaderamente, el Profeta que debe venir al mundo".

—Juan 6, 5-14

Por muchos anos Alberta Hairston era la ministra del campus de la Universidad de A&T en North Carolina y Bennett College, las dos históricamente eran instituciones de color. Ella manejaba desde una casa que lleva el nombre de la hermana Thea Bowman, una gran monja y evangelizadora afroamericana que fundó la Conferencia de Hermanas afroamericanas católicas. Era una casa pequeña en uno de los campuses, y estaba abierta a todos alumnos, no importaba si eran católicos o no. Ella se llamaba la Mamá H, y cuando empezó el ministerio, no tenía ningún título, pero en el pasado había ayudado al ministro de campus. Además, tenía un amor profundo para el Señor y Su gente. Su instrumento poderoso de evangelizar era la cocina.

Alberta sabía que alimentar a los alumnos también alimenta sus almas. Por supuesto, nunca podía saber exactamente cuántos estudiantes aparecerían para la cena, pero a ella no le importaba porque de alguna forma siempre había suficiente comida. ¿Era capaz de hacer milagros, como lo hizo Jesus cuando alimentó a los 5000? Bien, ¡una bandeja de pan de maíz nunca se convirtió en tres bandejas! Pero ella utilizaba la misma característica de Jesus: el amor. Siempre había bastante comida porque la Mamá H no simplemente les daba de comer a los estudiantes pan de maíz, pollo, y macarrones con queso; les daba de comer con el amor.

El amor lo transforma todo. Puede ayudar a las almas perdidas a encajar. Hace que el ciego vea. El amor es la raíz de la hospitalidad, y Jesús y la Mamá H lo demostraron. Hay personas a lo largo de nuestras vidas que nos dan la impresión de que no hay ninguna cosa que sea suficiente para ellas. Pero, a través de nuestras acciones de amor, ellos se llenan con todo lo que necesitan. Y una bandeja de pan de maíz nunca hace daño.

PARA RESPONDER

Piensa en alguien que ha tropezado con dificultades. Trae la cena a esa persona, o invítale a comer en un restaurante.

DEDICA TIEMPO PARA REFLEXIONAR

¿Cuáles son tres acciones diarias que hago que demuestran a los demás que los amo?

Un testigo vivo

Entonces llamó a los Doce y los envió de dos en dos, dándoles poder sobre los espíritus impuros. Y les ordenó que no llevaran para el camino más que un bastón; ni pan, ni alforja, ni dinero; que fueran calzados con sandalias y que no tuvieran dos túnicas. Les dijo: "Permanezcan en la casa donde les den alojamiento hasta el momento de partir. Si no los reciben en un lugar y la gente no los escucha, al salir de allí, sacudan hasta el polvo de sus pies, en testimonio contra ellos". Entonces fueron a predicar, exhortando a la conversión.

—Marcos 6, 7-12

Cuando alguien trabaja para una parroquia, organización de la iglesia, o se asocia con una comunidad cristiana, algunas personas se hacen nerviosos. Me encanta conocer a gente por primera vez, y cuando ellos se enteran de que trabajo para la Iglesia, a menudo me dicen que han estado intentando asistir a una iglesia, o que todavía no han encontrado ninguna iglesia para los domingos desde que se mudaron... hace 10 años. Además, me hace sonreír cuando mis amigos que no son católicos me dicen que a ellos les encanta el Papa Francisco, como si bebieran té con él cada viernes en el Vaticano.

Dicho esto, como cristiano tengo la responsabilidad de declarar las Buenas Noticias. Si tuviera la experiencia poderosa de adelgazar, o descubrir un restaurante magnifico, u oír música excepcional, querría compartirlos con otros. Seguramente mi relación con Jesucristo y la transformación que procede de mi relación son mejores que la pérdida de peso, un bistec, o una nueva banda. ¿Por qué debo esconder el aspecto más importante de mi vida?

Ser corresponsables hace que otros vean lo que me ha hecho Jesús. Ellos pueden ver que trato de ser más generoso, benévolo y receptivo. La esperanza es que ellos vean algo que también quieren tener. Puedo contarles de la fe, pero espero que mis acciones les provoquen preguntar antes de todo. Si ellos deciden rechazarme por quien soy, solamente puedo rezar que la próxima persona corresponsable les interese más.

Mientras tanto, puedo amarlos como son, individuos como yo, buscando lo que ya he descubierto.

PARA RESPONDER
Publica en las redes sociales (Facebook, Twitter) sobre el impacto de Dios en tu vida.

DEDICA TIEMPO PARA REFLEXIONAR

¿Quiénes son tres personas en mi vida que necesitan crecer en conocimiento y amor para Jesucristo?

COMPARTIR

El último será el primero

Llegaron a Cafarnaúm y, una vez que estuvieron en la casa, les preguntó: "¿De qué hablaban en el camino?». Ellos callaban, porque habían estado discutiendo sobre quién era el más grande. Entonces, sentándose, llamó a los Doce y les dijo: "El que quiere ser el primero, debe hacerse el último de todos y el servidor de todos".

—Marcos 9, 33-35

Ya no participo en la costumbre del día Viernes Negro, esperando en líneas a las 5 o 6 de la mañana hasta que se abren las tiendas, para obtener la ganga de una vez en la vida. Cuando era niño, me fascinaba el evento, pero hoy mi mejor amigo es la hora de dormir, y la muchedumbre exasperante es, bueno, exasperante. Además, pocas veces obtuvimos esas gangas fantásticas. Casi siempre luché para ser el primero en las filas para poder encontrar los tesoros codiciados, pero siempre terminé con más cosas que se quedaron en el garaje al lado de las cosas del año pasado. Pagué menos de lo normal, pero al final esas cosas no valían mucho.

Es parte de nuestra naturaleza humana el querer ser el primero, el más talentoso, o el mejor. Creemos que hay valor en siempre tener el control. Estamos seguros de que ganaremos un premio satisfactorio si somos mejores que todos. Los discípulos de Jesús discutieron sobre quien fue el mejor. Jesus les explicó que el mejor era la persona quien eligió ser el último para servir a los demás. Ganaremos el premio cuando permitamos que los demás nos adelanten. Tenemos que ser humildes para triunfar.

Ser corresponsable es dar todo lo que tenemos para que otros no deseen nada. Eso es ser benévolo de verdad y ofrecer hospitalidad a las todas personas que encontramos. A lo largo de nuestras vidas hay tanta gente a quien podemos ofrecer nuestro tiempo, talento y bendiciones. El premio viene del amor por otros y por Dios. Además, siempre oímos que es mejor dar que recibir. No fue tan genial comprar el reproductor de DVD que ahora se queda en el garaje.

PARA RESPONDER

La próxima vez que estás en la fila para pagar, deja que la persona detrás de ti vaya en frente.

DEDICA TIEMPO PARA REFLEXIONAR

¿En cuál área de mi vida permito que el orgullo me consuma?
¿Cómo puedo aprender a estar satisfecho con el no ser el primero

Nunca estamos solos

Seis días después, Jesús tomó a Pedro, Santiago y Juan, y los llevo a ellos solos a un monte elevado. Allí se transfiguró en presencia de ellos. Sus vestiduras se volvieron resplandecientes, tan blancas como nadie en el mundo podría blanquearlas. Y se les aparecieron Elías y Moisés, conversando con Jesús. Pedro dijo a Jesús: "Maestro, ¡qué bien estamos aquí! Hagamos tres carpas, una para ti, otra para Moisés y otra para Elías". Pedro no sabía qué decir, porque estaban llenos de temor. Entonces una nube los cubrió con su sombra, y salió de ella una voz: "Este es mi Hijo muy querido, escúchenlo". De pronto miraron a su alrededor y no vieron a nadie, sino a Jesús solo con ellos.

—Marcos 9, 2-8

A mí me importa la familia. Cuando era niño nunca tenía una familia grande. Me alegraba emparentar con una familia grande que se reunió durante las fiestas y vacaciones cada año. Hoy tengo tres hijos, y supondría que cenamos juntos con más frecuencia que la familia moderna típica. El mundo es un espacio amplio, lleno de retos, pero nuestro lugar pequeño siempre ha sido uno de fe, esperanza, y amor.

Como persona corresponsable, estoy llamado a querer a mi familia y trabajar duramente para que ellos puedan florecer. También estoy llamado a verlos en el contexto más grande de una familia de fe. Hay veces cuando nos reunimos como una familia pequeña, y por otro lado tenemos que participar en nuestra familia más grande, la de la parroquia y de la Iglesia mundial. Nuestra identidad viene de las dos experiencias comunitarias.

Cuando los apóstoles vieron a Elías y Moisés transfigurados, vieron a los patriarcas de su familia de fe, es decir, a su familia. Como personas corresponsables que sabían la importancia de la hospitalidad, inmediatamente querían preparar un refugio para ellos. Su identidad en la nueva familia de apóstoles recibió un significado más profundo cuando sentían la familia de fe.

Nunca estamos solos en este mundo. Aunque no siga viva ninguna persona de nuestro linaje, hay familia que nos quiere reunir. Durante las temporadas del Adviento y la Cuaresma, nuestras familias de fe se reúnen más frecuentemente y nos invitan a participar. Cuando participamos en los eventos familiares, nos hacemos más fijos. Cuando compartimos con nuestra familia, compartimos nuestras identidades.

PARA RESPONDER

Asiste al próximo evento de tu parroquia. Invita a alguien a acompañarte.

DEDICA TIEMPO PARA REFLEXIONAR

¿Quiénes son tres personas que cuentan conmigo de estar a su lado, sin importar la situación?

El oro, incienso y papel

La estrella que habían visto en Oriente los precedía, hasta que se detuvo en el lugar donde estaba el niño. Cuando vieron la estrella se llenaron de alegría, y al entrar en la casa, encontraron al niño con María, su madre, y postrándose, le rindieron homenaje. Luego, abriendo sus cofres, le ofrecieron dones, oro, incienso y mirra.

—Mateo 2, 9-11

En el tercer grado, yo canté "El niño del tambor" en el programa parroquial de Navidad. Entré, simulando tocar un tambor de cartón, y canté que no tenía nada, salvo tocar el tambor, para dar a nuestro Señor recién nacido. Tres alumnos representaron a los Reyes Magos, regalando oro, incienso y mirra. Claro, a los 8 años no podía tocar el tambor, así que mi regalo parecía patético comparado con los de los Reyes Magos.

¿Qué podía hacer Dios con un regalo tan insignificante como la canción de niño? En realidad, nuestros regalos no aumentan la bondad de Dios. Él no necesita mi canción ni mi oro. No necesito el arte creado por mis hijos de la escuela. No necesito ver a mi hijo cuando él juega al fútbol, ni bailar con mi hija en el baile de padres e hijas. Quiero hacer estas cosas, y ellos necesitan que las haga. Estoy entusiasmado y lleno de alegría cuando participo en la vida de mis hijos. Y ellos necesitan sentir mi amor y saber que los tengo en mi corazón.

Jesus no necesitaba las riquezas de los Reyes Magos, ni el tamborileo de un niño. Los quería, y todavía los quiere. Esta lleno de alegría cuando le ofrecemos regalos. El niño solamente tenía que ofrecer su única posesión. Necesitaba sentir el amor de Dios y sabía que éste era de Dios. Durante la próxima celebración de la Epifanía de nuestro Señor, ¿qué le vas a ofrecer a Él? Sea lo que sea, estoy seguro de que lo va a amar, aunque sea un tambor de cartón.

PARA RESPONDER

Haz o compra un regalo modesto, envuélvelo bien, y regálalo a alguien que amas.

DEDICA TIEMPO PARA REFLEXIONAR

¿Cuáles son tres regalos o talentos que puedo dar, pero estoy indeciso porque pienso que son insignificantes?

Hay que hacer mucho

"Entonces el Rey dirá a los que tenga a su derecha: 'Vengan, benditos de mi Padre, y reciban en herencia el Reino que les fue preparado desde el comienzo del mundo, porque tuve hambre, y ustedes me dieron de comer; tuve sed, y me dieron de beber; estaba de paso, y me alojaron; desnudo, y me vistieron; enfermo, y me visitaron; preso, y me vinieron a ver'. Los justos le responderán: 'Señor, ¿cuándo te vimos hambriento, y te dimos de comer; sediento, y te dimos de beber? ¿Cuándo te vimos de paso, y te alojamos; desnudo, y te vestimos? ¿Cuándo te vimos enfermo o preso, y fuimos a verte?'. Y el Rey les responderá: 'Les aseguro que cada vez que lo hicieron con el más pequeño de mis hermanos, lo hicieron conmigo'".

—Mateo 25, 34-40

Criarme como un católico significa que he escuchado millones de veces el pasaje del evangelio de Mateo que dice que cuando hacemos cosas por "uno de estos más pequeños," las hacemos a Jesús. Bien, es una exageración para decir algo importante. Pero ha sido el lema de tantas actividades de justicia social, desde las recaudaciones de ropa y comida hasta las campañas y protestas pacíficas.

Cuando era niño solamente sabía ayudar a "los más pequeños" a través de actividades en la escuela y la iglesia. Hoy en día, el Youtube y GodTube están llenos de maneras creativas como la gente ayuda el uno al otro. ¿Has visto el video en el cual hay una fiesta de pizza para los sin hogar? ¿Has visto el video del número de lotería falso, o la casa comprada por un hombre pobre a través de donaciones en el internet? También hay videos de personas pagando las cuentas de las personas detrás de ellas en las filas auto-servicias. La cosa fantástica es que todo sirve como testigo a los demás. No es presunto, sino que es una declaración de las Buenas Nuevas. ¡Los actos de dar y ser corresponsable son contagiosos!

Muchas veces a lo largo de los años nuestro pastor ha dado a los candaditos de confirmación un billete de 10 dólares, y les dice, "devuelvan el favor." Ellos pueden conservar el dinero o usarlo para cambiar las cosas en la vida del alguien. Un joven plantó un jardín por una mujer vieja; otro compró los ingredientes para hacer brownies y venderlos para recaudar dinero para una organización benéfica. Los adolescentes aprendieron algo de ser corresponsables y servir como buenos ejemplos a la comunidad parroquial.

Como siempre, hay que hacer mucho. ¡El Rey viene pronto!

PARA RESPONDER
Hoy, haz algo para una persona que no conoces, o que no conoces bien, y dile: "devuelve el favor".

DEDICA TIEMPO PARA REFLEXIONAR

¿En cuáles maneras cuido a "uno de estos más pequeños"? ¿Qué puedo cambiar en mi vida para que esta parte sea más profunda?

Tesoros preciados

Porque nosotros somos cooperadores de Dios, y ustedes son el campo de Dios, el edificio de Dios. Según la gracia que Dios me ha dado, yo puse los cimientos como lo hace un buen arquitecto, y otro edifica encima. Que cada cual se fije bien de qué manera construye. El fundamento ya está puesto y nadie puede poner otro, porque el fundamento es Jesucristo.

—1 Corintios 3, 9-11

Los católicos que asisten a la misa diaria siempre encuentran días festivos interesantes: santos y mártires desconocidos, varios títulos para Jesús y Nuestra Señora, la Presidencia de San Pedro. Uno de los días festivos más interesantes es la Dedicación de la Basílica de San Juan de Letrán cada noviembre. Mucha gente pregunta: ¿un día festivo para la dedicación de un edificio? Pero no es simplemente un edificio. Es la primera iglesia construida después de la legalización del cristianismo por Constantino durante el siglo IV. En muchas maneras, fue la pila por la cual una revolución bautismal convirtió el mundo.

Los buenos seres corresponsables aman lo que han recibido a lo largo de la historia. Una vez, un pastor comparó la corresponsabilidad con estar en una tienda de antigüedades. Cuando compras una antigüedad, asumes la responsabilidad no sólo de la posesión material, sino también por las memorias de todas las vidas y las generaciones. Casi sientes la presencia del uno que lo hizo, además de las personas que lo poseían y lo usaban antes de ti. Ahora tienes que cuidarlo y, si de veras es precioso, años después lo dejarás al próximo ser corresponsable.

Lo que creamos con Dios y lo que cuidamos en nuestro mundo material nos ayudan a dar significado a nuestras vidas. El dibujo que hizo tu hijo cuando era niño se queda en una caja de recuerdos. El libro que te dio tu amigo aparece de forma destacada en tu estantería. El recuerdo que compraste durante las vacaciones te recuerda ese viaje especial. Es verdad que un día cuando Cristo regresa todas las cosas materiales, como la Basílica de San Juan de Letrán, van a expirar. Pero lo que representan estas cosas permanecerá para siempre.

Como seres corresponsables, vemos el valor en lo invisible y el visible. Cuida las cosas que te han sido confiados. Son instrumentos importantes para el viaje, y nos recuerdan de lo que es importante y hacia dónde vamos.

PARA RESPONDER

Encuentra una posesión tuya que te importa. Quizá te recuerda a una persona, un lugar o momento importante de tu vida. Por 5 minutos, Reflexiona sobre su importancia y el papel que juega en tu vida.

DEDICA TIEMPO PARA REFLEXIONAR

¿Qué es una cosa significante que tengo que puedo dejar a alguien? ¿Puedo dejarla mientras estoy vivo para ver la alegría del intercambio?

El corazón de la hospitalidad

"Luego dijo a sus servidores: 'El banquete nupcial está preparado, pero los invitados no eran dignos de él. Salgan a los cruces de los caminos e inviten a todos los que encuentren'. Los servidores salieron a los caminos y reunieron a todos los que encontraron, buenos y malos, y la sala nupcial se llenó de convidados".

—Mateo 22, 8-10

Ser invitado a la cena es una forma de hospitalidad tan vieja como la raza humana. Sentarse a la mesa, comer y beber, es manera de compartir mutuamente nuestras vidas y demostrar nuestra dedicación. Cuando alguien nos demuestra la hospitalidad, siempre nos hacemos más receptivos a otros porque ellos nos han compartido parte de sí mismos.

La hospitalidad es una parte de ser corresponsable que nunca se debe trivializar. Nuestro trato de los demás es importante no sólo en asuntos grandes, como ayudar a los pobres, consolar a los turbados, o hacer un favor a alguien, sino también en nuestras interacciones diarias. Si cada respiración es de Dios, nuestras interacciones con otros tienen la posibilidad de acercarlos a la fuente de esa respiración.

Recientemente esta realidad se me ocurrió. Estaba en la caja con un carrito lleno de cosas. Mientras esperaba, una mujer, con un bebé y dos bolsas de filetes de pollo, se puse detrás de mi en la fila. Le dije que se colara delante de mí. Estaba agradecida, pero le sorprendió que alguien se lo ofreciera. Esta acción sencilla no terminó en un evento de evangelización, pero podría haber resultado así, y a veces, sí resulta así.

La corresponsabilidad cotidiana significa que cuando consideramos que todos los aspectos de nuestras vidas son bendiciones de Dios, lo ordinario puede presentarse como una oportunidad para lo extraordinario. En la caja, en el autobús, o sobre un campus universitario, encontramos oportunidades para hacer algo extraordinario. Tenemos la oportunidad de elevar lo rutinario al nivel de Dios. El corazón de la hospitalidad se encuentra en esta realidad.

PARA RESPONDER

La próxima vez que haces la compra, encuentra 3
oportunidades para ofrecer la hospitalidad a través de tus

DEDICA TIEMPO PARA REFLEXIONAR

¿A cuales tres personas puedo ofrecer más hospitalidad?
¿Cómo me puede ayudar Dios a cambiar?

Estar Comprometido

La quinta característica
de ser corresponsable

Mejor que Elvis

Él les respondió: "No les corresponde a ustedes conocer el tiempo y el momento que el Padre ha establecido con su propia autoridad. Pero recibirán la fuerza del Espíritu Santo que descenderá sobre ustedes, y serán mis testigos en Jerusalén, en toda Judea y Samaría, y hasta los confines de la tierra". Dicho esto, los Apóstoles lo vieron elevarse, y una nube lo ocultó de la vista de ellos. Como permanecían con la mirada puesta en el cielo mientras Jesús subía, se les aparecieron dos hombres vestidos de blanco, que les dijeron: "Hombres de Galilea, ¿por qué siguen mirando al cielo? Este Jesús que les ha sido quitado y fue elevado al cielo, vendrá de la misma manera que lo han visto partir".

—Hechos de los Apóstoles 1, 7-11

Hoy, en nuestro mundo moderno, hay una gran necesidad de los avistamientos de Jesús. De vez en cuando tenemos noticias de un avistamiento de Elvis, pero no necesitamos avistamiento del Rey de Rock 'n' Roll. Necesitamos avistamientos del Rey de Reyes.

Por supuesto, cuando celebramos el día festivo de Su ascensión al cielo, reflexionamos sobre el hecho de que ya no camina por el mundo en carne y hueso, y esperamos Su segunda llegada. Algunos ven Su imagen en los árboles, edificios, o pan tostado. No creo que fuera un plan eficaz, aunque Dios lo inventara para acordarnos de Él. Pero el plan de Dios incluye una manera en la cual podemos ver a Jesús constantemente en el mundo. El plan nos incluye.

La cuenta de la escritura de la ascensión de Jesús contiene instrucciones claras de lo que tenemos que hacer hasta Su llegada. Esas instrucciones significan proclamar el Evangelio, bautizar a los que creen, y curar a los enfermos. Un poema atribuido a Teresa de Ávila dice: "Dios no tiene cuerpo en tierra sino el tuyo." El poema habla de cómo nuestras manos, pies, ojos y cuerpos son los de Cristo. Cuando nos movemos por el mundo, no sólo llevamos el nombre de cristiano, sino que nos convertimos en Cristo. Como discípulos intencionales y seres corresponsables, nos damos cuenta de que nuestro papel en el Plan

Divino tiene la máxima importancia. Presentamos al mundo la persona de Cristo. Entonces, ponte en marcha cada día, preparado a traer a cada persona la imagen de Cristo. Y después, quizás, más gente dirá: "Creo que vi a Jesús hoy." Sería mejor que ver a Elvis infinitas veces.

PARA RESPONDER
Por 3 días consecutivos, cuéntale a una persona algo sobre tu fe. No tiene que ser profundo, pero tienes que compartir algo de tu fe.

DEDICA TIEMPO PARA REFLEXIONAR

¿Cuáles tres cosas me impiden ser mejor seguidor de Cristo?

CRISTO

No nos dejes caer en tentación

"Si tu mano es para ti ocasión de pecado, córtala, porque más te vale entrar en la Vida manco, que ir con tus dos manos a la Gehena, al fuego inextinguible. Y si tu pie es para ti ocasión de pecado, córtalo, porque más te vale entrar lisiado en la Vida, que ser arrojado con tus dos pies a la Gehena. Y si tu ojo es para ti ocasión de pecado, arráncalo, porque más te vale entrar con un solo ojo en el Reino de Dios, que ser arrojado con tus dos ojos a la Gehena, donde el gusano no muere y el fuego no se apaga".

—Marcos 9, 43-48

Nunca podrías adivinar cuantas veces en mi familia se dice la frase: "Ya es hora de comer saludablemente." Tú no puedes adivinar porque ya no puedo adivinar, y ¡es mi familia! Cuando llega el momento de reconocimiento intenso que hemos salido del rebaño como unidad colectiva, concebimos un nuevo plan. Hacer ejercicio, beber más agua, consumir menos carbohidratos, beber más agua, comer más ensaladas, beber más agua: tú lo captas. También, cada vez que hacemos tal plan, tenemos que sacar todas las comidas malas y hacer el compromiso de que ya no vamos a comprar esas cosas nunca. Estas meriendas nos guían al camino de la perdición. Se deben eliminar.

Claro, ninguna galleta me obliga a comerla. Pero yo he elegido a comer muchas galletas. A veces la voluntad es tan débil que no puedo resistir comer la galleta. Entonces, es cosa buena no comprarla. No hay razón para tentarme a mí mismo.

Según el evangelio de Marcos, Jesús llega al extremo para decir algo importante. Nos sugiere que amputemos una parte del cuerpo que nos guía a la tentación. Es obvio que ni mis manos, ojos ni pies me han causado pecar. No obstante, entendemos el objetivo: no nos dejemos caer en los patrones del pecado, una y otra vez.

Al aplicar este tema a la corresponsabilidad, no nos podemos permitir enfrentar los mismos obstáculos al discipulado maduro. Si algo nos tienta despilfarrar nuestro dinero, o perder el tiempo, o desperdiciar nuestros talentos y bendiciones, tenemos que hacer cambios.

Porque no somos perfectos, siempre vamos a descubrir nuevos obstáculos. Cuando nos damos cuenta de que nos hemos caído otra vez, tenemos que hacer cambios y vaciar las galletas malas de nuestras despensas espirituales. En ese momento estaremos en camino a la buena salud de ser corresponsable.

PARA RESPONDER
Quita una cosa de tu vida que te estorba para tener una relación mejor con Jesús.

DEDICA TIEMPO PARA REFLEXIONAR

¿Cuáles son tres hábitos malos que he desarrollado?
¿Cómo me puede ayudar Dios a superarlos?

No pares

Después de oírlo, muchos de sus discípulos decían: "¡Es duro este lenguaje! ¿Quién puede escucharlo?». Jesús, sabiendo lo que sus discípulos murmuraban, les dijo: "¿Esto los escandaliza? ¿Qué pasará entonces, cuando vean al Hijo del hombre subir donde estaba antes? El Espíritu es el que da Vida, la carne de nada sirve. Las palabras que les dije son Espíritu y Vida. Pero hay entre ustedes algunos que no creen". En efecto, Jesús sabía desde el primer momento quiénes eran los que no creían y quién era el que lo iba a entregar. Y agregó: "Por eso les he dicho que nadie puede venir a mí, si el Padre no se lo concede". Desde ese momento, muchos de sus discípulos se alejaron de él y dejaron de acompañarlo. Jesús preguntó entonces a los Doce: "¿También ustedes quieren irse?". Simón Pedro le respondió: "Señor, ¿a quién iremos? Tú tienes palabras de Vida eterna. Nosotros hemos creído y sabemos que eres el Santo de Dios".

—Juan 6, 60-69

¿Te acuerdas de cuando te apuntaste a Weight Watchers hace muchos años? ¿Qué tal fue? ¿Te acuerdas de ser alumno, y después del primer o segundo día de clases, fuiste a la oficina para salir de una clase difícil? Además, ¿recuerdas cuando empezó el estudio de Biblia de tu parroquia, y desapareciste después de dos semanas? ¡Vaya uno a saber que había tarea!

Estás en la minoría si nunca hayas empezado algo y lo dejaste porque fue demasiado difícil o tenías miedo del precio final. Creo que parte de la experiencia humana es huir de lo que es demasiado difícil o lo que nos sorprende con la dificultad. Teníamos buenas intenciones, pero luego decidimos que no era el momento correcto o éramos incapaces de responder a las expectativas.

En los evangelios, Jesús atrayó a mucha gente. Ellos querían estar en Su presencia y seguirle dondequiera que iba. Tan pronto como les contó lo que significaba seguirle, muchos "dejaron de acompañarlo." El precio fue demasiado grande.

Ser corresponsable pide que nos hagamos discípulos maduros que contestan al llamado de Cristo, sin importar el precio. Si vamos a tomarlo en serio, tenemos que trabajar duramente en hacernos las personas de nuestro bautismo. Unos días, es más fácil ir a la deriva o dejarlo completamente, pero esto es más importante que un programa o clase de adelgazamiento. Esas cosas pasan y seguimos adelante, pero este viaje dura para siempre. Y aún mejor, Jesús quiere enseñarnos si le permitimos.

PARA RESPONDER

Identifica una cosa que querías hacer, pero que nunca has hecho. Intenta hacerla otra vez, pero permite que Jesús entre en el proceso a través de tus oraciones.

DEDICA TIEMPO PARA REFLEXIONAR

¿Con cuáles tres cosas de mi vida necesito la ayuda de Jesús para lograrlas?

Imitar a Jesús

Traten de imitar a Dios, como hijos suyos muy queridos. Practiquen el amor, a ejemplo de Cristo, que nos amó y se entregó por nosotros, como ofrenda y sacrificio agradable a Dios.

—Efesios 5, 1-2

¿Alguna vez has oído de Wolfgang Beltracchi? Por décadas, hizo copias de obras de los pintores más famosos de la historia, e ganó millones de dólares mientras lo hacía. Era tan talentoso que muchas creaciones suyas se exponían, y todavía quizás se exponen, en museos y galerías de arte por todas partes del mundo. Los expertos no pueden distinguirlos, y como consecuencia no hay ninguna posibilidad de verificar ni valorar ciertas obras de arte. El riesgo es tan grande para el valuador, quien no sabe la verdad. Beltracchi declara que hizo un error al usar pintura falsa en un cuadro, lo cual resultó en su detención y convicción. Después de pasar 18 meses de una pena de 6 años, él sigue creando arte original y escribiendo libros para pagar las deudas de las demandas contra él.

No hay duda acerca de la inmoralidad de mentir y hacer trampa en esta manera. Por otro lado, ¿puedes imaginar cómo sería tener la habilidad de imitar algo original tan perfectamente que nadie lo puede diferenciar? Es fácil engañar a una persona inexperta, pero engañar a los expertos sería increíble.

San Pablo escribió a los Efesios y los animó a ser imitadores de Cristo a través de vivir en el amor y sacrificarse a sí mismos. ¿Te puedes imaginar el ser tan buen imitador de Cristo que los demás Lo ven cuando te miran? El término "cristiano" significa revestirse de Cristo. Somos Cristo para el mundo, cuando salimos de la misa después de consumirlo en la Eucaristía para hacernos más como Él. Los seres corresponsables son llamados a dar como Cristo, compartir como Cristo, y amar como Cristo. No es crimen imitar a Cristo; sino, es pecado si no lo intentamos.

PARA RESPONDER

Visita una galería de arte e imagina cuanto trabajo y creatividad se requieren para crear las obras que te gusten.

DEDICA TIEMPO PARA REFLEXIONAR

Durante la semana pasada, ¿en cuáles tres maneras podría haber sido más como Cristo? ¿Qué puedo hacer para ser más como Cristo en aquellas situaciones en el futuro?

El riesgo de comer bien

Jesús respondió: "Les aseguro que no es Moisés el que les dio el pan del cielo; mi Padre les da el verdadero pan del cielo; porque el pan de Dios es el que desciende del cielo y da Vida al mundo". Ellos le dijeron: "Señor, danos siempre de ese pan". Jesús les respondió: "Yo soy el pan de Vida. El que viene a mí jamás tendrá hambre; el que cree en mí jamás tendrá sed".

—Juan 6, 32-35

Me encantan los programas de viaje presentado por Anthony Bourdain. No puedo decir que estoy de acuerdo con cada aspecto de su filosofía de vida, pero respeto a alguien quien está dispuesto a comer cualquier cosa en cualquier parte del mundo. A los espectadores les demuestra que el mundo es más interesante y más diverso de lo que imaginamos. Si el Internet hace que nuestro mundo parezca pequeño, ver a los viajes de Bourdain por la tele hace que el mundo parezca enorme.

Él tiene una expresión que me hace pensar: "La buena comida es un riesgo." A veces tenemos que dar un paso fuera de nuestro elemento familiar para descubrir algo nuevo y fantástico. Podemos continuar a comer filetes de pollo empanadas y macarrones con queso como si fuéramos niños todavía; o podemos tomar el riesgo y probar algo nuevo que nunca hemos probado.

En capítulo 6 del evangelio de San Juan, Jesús habla al público sobre el pan que Él provee: va a satisfacer nuestra hambre. Inmediatamente Le piden este pan. Él contesta que "Yo soy el pan de Vida; el que viene a mi jamás tendrá hambre; el que cree en mi jamás tendrá sed." Lo que todavía no entiende la gente es que participar en el pan requiere gran riesgo. Sí, ya no tendremos hambre ni sed, pero entraremos en una realidad llena de suplicio, tentación, y persecución. Además les pedirá dar todo lo que tienen y vivir una vida endeudados con Jesús por el pan que Él ofrece.

No me malinterpretes, este pan es buenísimo; es el mejor, y participar en lo mejor requiere un gran riesgo. Por dos mil años, los cristianos fieles han probado que Anthony Bourdain es correcto.

PARA RESPONDER

En la próxima comida, prueba cada bocado, prestando atención al sabor y la textura. Agradece a Dios por la experiencia de comer.

DEDICA TIEMPO PARA REFLEXIONAR

¿Cuáles son las 3 cosas que Dios me pide que puedo encontrar algo aterrador? ¿Cómo me puede fortalecer la Eucaristía para responder al llamado?

¡Que locura!

Mientras los judíos piden milagros y los griegos van en busca de sabiduría, nosotros, en cambio, predicamos a un Cristo crucificado, escándalo para los judíos y locura para los paganos, pero fuerza y sabiduría de Dios para los que han sido llamados, tanto judíos como griegos. Porque la locura de Dios es más sabia que la sabiduría de los hombres, y la debilidad de Dios es más fuerte que la fortaleza de los hombres.

—1 Corintios 1, 22-25

Quiero saber lo que piensan otros de mi fe. De verdad, la mayoría de mis amigos son personas de fe, pero no todos, y he trabajado para la Iglesia por toda mi carrera. Mi grupo es pequeño comparado con el resto del mundo. Nunca evito la realidad de quien soy yo, y sé que mis vecinos y conocidos saben que participo activamente en mi fe.

Por lo menos querría respeto, pero ¡tal vez piensen que estoy loco! No me sorprendería cuando considero la abundancia y popularidad del secularismo y el ateísmo. Dedicar tanto tiempo a las actividades de mi iglesia, volando por todo el país, hablando sobre Jesús, probablemente les parece una pérdida tremenda de tiempo.

Pablo explica a los Corintios: "Porque la locura de Dios es más sabia que la sabiduría de los hombres." Las personas corresponsables están locas. Si eres suficientemente afortunado de tener dinero, posesiones, tiempo libre y talentos vendibles, el hablar de devolver todo a Dios parece una locura. Pero los críticos solamente ven con ojos humanos. Ven la realidad cuando ven con ojos de fe. ¿Va a reconstruir Jesús el templo en tres días? ¡Locura! En vez de correr el corriente moderno, ¿piensas que tu paseo diario con Dios va a beneficiar a cualquieras persona y cosa? ¡Estás loco!

Nuestra locura se hace más obvia cuanto más se distancia el mundo de Dios. Pero es una bendición porque nuestra locura es más pertinente y profunda. Como Jesús en el templo, y Pablo predicando Cristo crucificado, nuestra fe activa tiene un impacto enorme. Permite que tu locura destaque. Quizás hay gente que quiera ser loca también, pero necesita el apoyo y un bueno ejemplo.

PARA RESPONDER

Haz algo extraordinario para alguien que quieres: crea algo, canta una canción, compra un regalo extraordinario.

DEDICA TIEMPO PARA REFLEXIONAR

¿Cuándo fueron tres momentos en los cuales me sentí tonto por ser cristiano? ¿Cómo respondí?

DESTACARSE

Estamos llamados

Después que Juan fue arrestado, Jesús se dirigió a Galilea. Allí proclamaba la Buena Noticia de Dios, diciendo: "El tiempo se ha cumplido: el Reino de Dios está cerca. Conviértanse y crean en la Buena Noticia". Mientras iba por la orilla del mar de Galilea, vio a Simón y a su hermano Andrés, que echaban las redes en el agua, porque eran pescadores. Jesús les dijo: "Síganme, y yo los haré pescadores de hombres". Inmediatamente, ellos dejaron sus redes y lo siguieron. Y avanzando un poco, vio a Santiago, hijo de Zebedeo, y a su hermano Juan, que estaban también en su barca arreglando las redes. En seguida los llamó, y con ellos, dejando en la barca a su padre Zebedeo con los jornaleros, lo siguieron.

—Marcos 1, 14-20

Recuerdo el primer "Equipo Ensueño" estadounidense de baloncesto en los Juegos Olímpicos del año 1992. Se dice que fue el mejor equipo deportista jamás reunido. En los Juegos anteriores, el equipo estadounidense consistía en jugadores universitarios, y solamente ganó la medalla de bronce. Mucha gente quería que jugaran jugadores profesionales. Cuando se cambiaron las reglas, los mejores jugadores del NBA ya podían jugar. El equipo marcó más de 100 puntos en cada partido, y el máximo total de puntos permitidos fue 87. La tarea fue ganar la medalla de oro y volver a ser el mejor. Ellos no tuvieron ningún problema en hacer las dos cosas.

Normalmente, si quieres lograr mucho, tienes que reunir el mejor equipo posible. No obstante, hay muchos ejemplos de equipos con los mejores jugadores que todavía fallan. Las personas más talentosas no son siempre las más correctas. La química, actitud, y el deseo son componentes necesarios para reunircall un equipo victorioso.

Dios nos llama a participar en Su plan. Nos llama desde la afluencia y la pobreza, desde la experiencia y la simplicidad, y desde la comunidad y la soledad. Para Él, no hay griego ni judío, macho ni hembra, esclavo ni persona libre. Todos somos llamados a participar, y si falta alguno, nuestra habilidad de cumplir este plan se disminuye. Llámanos corresponsables, discípulos, o seguidores, pero cualquier nombre que usas, todavía hemos sido llamados.

PARA RESPONDER
Identifica un aspecto – grande o pequeño – de tu vida que necesita la atención. Pide la ayuda de alguien en quien confías.

DEDICA TIEMPO PARA REFLEXIONAR

¿En cuáles tres personas de mi vida confío más? ¿En cuáles de sus talentos o regalos dependo yo?

Lecciones del bautismo de una rana

El amor a Dios consiste en cumplir sus mandamientos, y sus mandamientos no son una carga, porque el que ha nacido de Dios, vence al mundo. Y la victoria que triunfa sobre el mundo es nuestra fe. ¿Quién es el que vence al mundo, sino el que cree que Jesús es el Hijo de Dios? Jesucristo vino por el agua y por la sangre; no solamente con el agua, sino con el agua y con la sangre. Y el Espíritu es la verdad. Son tres los que dan testimonio: el Espíritu, el agua y la sangre; y los tres están de acuerdo.

—1 Juan 5, 3-8

En el RICA, dirigía una sesión sobre el bautismo en el cual siempre traía mi muñeco de Kermit la Rana que tenía desde la niñez y simulaba un bautismo. Siempre quería dirigirla cuando había niños que se estaban preparando por los sacramentos de Pascua. Pensarías que Kermit estuviera súper sagrado porque se había bautizado tantas veces, año después año. Si hubiera sido real, no estaría más sagrado que lo era después de su primer bautismo. No se podía re-bautizar —por no hablar del hecho de que es una rana.

Cuando Jesús se acercó a Juan para bautizarse, el bautismo se transformó desde un bautismo de contrición al uno de la redención. Aunque somos llamados a la contrición una y otra vez, la redención ocurre una vez sola. No nos bautizamos en el río Jordán ni en el Mar de Galilea simplemente porque tenemos nociones románticas, ni nos unimos a la Iglesia católica por un segundo bautismo para empezar de nuevo. Nuestro bautismo ocurre una vez sola. Pero es auténtico. Si te sientes o no, recibes el sello de Cristo, y la mancha del pecado original desaparece.

Tendemos a dar por hecho el momento del bautismo. Quizás te bautizaste como infante, pero ha pasado mucho tiempo desde entonces, y puedes tratar de entender el impacto del bautismo en tu vida. A veces esperamos por un buen momento de empezar a vivir como gente corresponsable. Sin embargo, esa hora ya ha pasado, y Dios nos está esperando. Somos llamados a reflexionar en nuestro bautismo y contestar al llamado que permanece en nuestros corazones. Podemos responder y ser discípulos, o podemos ser como Kermit la Rana, siempre buscando un nuevo comienzo que no existe.

PARA RESPONDER

Encuentra tu certificado de bautismo y ponlo en un lugar prestigioso. Reflexiona en lo que significa responder al llamado del bautismo.

DEDICA TIEMPO PARA REFLEXIONAR

¿En cuáles tres maneras puedo madurar como un discípulo de Cristo?

Reconocer a Jesús

"¿Quién eres, entonces?", le preguntaron: "¿Eres Elías?". Juan dijo: "No". "¿Eres el Profeta?". "Tampoco", respondió. Ellos insistieron: "¿Quién eres, para que podamos dar una respuesta a los que nos han enviado? ¿Qué dices de ti mismo?" Y él les dijo: "Yo soy una voz que grita en el desierto: Allanen el camino del Señor, como dijo el profeta Isaías". Algunos de los enviados eran fariseos, y volvieron a preguntarle: "¿Por qué bautizas, entonces, si tú no eres el Mesías, ni Elías, ni el Profeta?". Juan respondió: "Yo bautizo con agua, pero en medio de ustedes hay alguien al que ustedes no conocen: él viene después de mí, y yo no soy digno de desatar la correa de su sandalia".

—Juan 1, 21-27

Mi esposa no puede reconocer las caras de otros en absoluto, si sean celebridades o conocidos. No es que no puede recordar las identidades de los demás, sino es que se confunde. Cuando un hijo o amigo mío le dice a ella: "¡Ay, mira quien es!" tengo que sonreír. No me burlo tanto de ella, pero es una fuente de entretenimiento para mí.

Probablemente ella habría tenido dificultad con distinguir entre Elías, Juan el Baptista, y Jesús, como hicieron los del pasaje del Evangelio de Juan. Le preguntaron a Juan el Baptista sobre quien era él, en nombre de la comunidad judía de Jerusalén. Todo parecía ser confuso. Pero Juan el Baptista les explicó que simplemente era una voz clamando de la preparación de la llegada de Cristo. Añadió que el Uno anticipado ya estaba en medio de ellos, pero no lo reconocieron.

Muchas veces tampoco no reconocimos a Cristo en nosotros. Asumimos el nombre de cristiano, pero nuestras acciones no se dirigen a Cristo. Las personas que no Lo conocen se quedan a preguntarse por la preocupación con Él.

Es importante contemplar en cómo reflejamos a Jesús en nuestras vidas. ¿Vivimos como discípulos maduros, y a través de nuestros actos, dirigimos a los demás hacia Cristo? ¿Tomamos tanto en serio el nombre de cristiano que cambiamos nuestras vidas? ¿Pueden ver otros el Cristo en nosotros? Reconocer a Jesús no es fácil, así que tenemos que ayudarles a ver con claridad. Somos llamados a guiarles hacia el Uno cuyo sello tenemos.

PARA RESPONDER

Esta semana, ayuda a alguien en la adversidad, dejando que él/ella vea a Cristo en ti.

DEDICA TIEMPO PARA REFLEXIONAR

¿Quiénes son tres personas a quienes reconozco como "Cristo"?
¿Cómo puedo ser más como ellos?

Ya no estar perdido

Jesús les respondió: "Yo soy el pan de Vida. El que viene a mí jamás tendrá hambre; el que cree en mí jamás tendrá sed. Pero ya les he dicho: ustedes me han visto y sin embargo no creen. Todo lo que me da el Padre viene a mí, y al que venga a mí yo no lo rechazaré, porque he bajado del cielo, no para hacer mi voluntad, sino la del que me envió. La voluntad del que me ha enviado es que yo no pierda nada de lo que él me dio, sino que lo resucite en el último día. Esta es la voluntad de mi Padre: que el que ve al Hijo y cree en él, tenga Vida eterna y que yo lo resucite en el último día".

—Juan 6, 35-40

Cuando tenía treinta y un años, se murió mi mamá. Mis padres habían estado casados por cincuenta y cinco años, entonces mi padre perdió su marida e identidad. Había crecido con tres hermanos, pero todos estaban muertos. Por muchos años, había tenido seguro de discapacidad, así que ya no le quedó ninguna conexión para el trabajo. Pero la parte más grande de su crisis de identidad fue que había pasado la vida como un creyente no-bautizado.

Sus hermanos y hermana se habían bautizado, pero él nunca sabía porque él mismo no había sido bautizado. Vivía sintiéndose como un don nadie, lo cual le llevó al alcoholismo y otras cosas que hacen los perdidos. Durante esos años nunca salía en búsqueda del bautismo, si no sintiera suficientemente bueno, o si no le importara. Tal vez fuera el acto de acompañarnos a la misa durante la Navidad, pero ahora se sintió la carga de su falta de decisión. Estaba perdido.

Finalmente, mi padre se mudó para estar más cerca de mi familia y yo, y empezó a asistir a misa. Después de un año, me preguntó del programa RICA. Empezó el proceso en el cual probablemente entendió sólo un cuarto de lo que aprendió, pero completamente le encantó el viaje. A la edad de 75 años, Harold Welliver Jr., se bautizó y se inició en la Iglesia católica.

Me dijo a mí algo que siempre voy a recordar: "Era alguien que no era de nadie ni nada, y ahora pertenezco." Según el evangelio de Juan, Jesús dice: "Y esta es la voluntad del que me envió: que de todo lo que Él me ha dado yo no pierda nada,

PARA RESPONDER
Encuentra tu certificado de bautismo y enmárcalo. Puedes colgarlo en la pared, o en un cualquier sitio donde vas a verlo a menudo. Puedes ponerlo en un lugar público para que lo vean todos, o en un lugar privado, como la pared del clóset. Recuerda que perteneces.

DEDICA TIEMPO PARA REFLEXIONAR

¿Quiénes son tres personas a quienes conozco que necesitan sentir que pertenecen? ¿Cómo puedo ayudarlas, incluso a través de la oración?

El precio de ser cristiano

Tres veces pedí al Señor que me librara, pero él me respondió: "Te basta mi gracia, porque mi poder triunfa en la debilidad". Más bien, me gloriaré de todo corazón en mi debilidad, para que resida en mí el poder de Cristo. Por eso, me complazco en mis debilidades, en los oprobios, en las privaciones, en las persecuciones y en las angustias soportadas por amor de Cristo; porque cuando soy débil, entonces soy fuerte.

—2 Corintios 12, 8-10

En una revista de R.U. llamada *The Spectator*, hubo un artículo en octubre de 2013 titulado "La Guerra contra el Cristianismo." El artículo fue una reflexión sobre el hecho de que la creciente persecución global de los cristianos no es declarada o denunciada por la mayoría de los medios de comunicación. Fue escrito en 2013, antes de que apareciera ISIS y la ejecución sistemática de los cristianos en Siria e Iraq. En el artículo, John L. Allen Jr. nos informa que durante la década antes del 2013, por lo menos 100.000 cristianos habían sido asesinados por su fe cristiana. Declara que eso, "Se corresponde con once cristianos matados en el mundo cada hora, siete días cada semana, y 365 días cada año."

En la Segunda Carta a los Corintios, Pablo escribió de sus debilidades, persecuciones e insultos. Era testigo al hecho de que a través de su sufrimiento en nombre de Cristo, su debilidad se convirtió en su solidez. Es difícil oír las palabras de Pablo mientras leemos un artículo sobre los genocidios, o vemos un video en el cual alguien se aproxima el martirio, especialmente cuando los medios de comunicación lo presentan como si fuera simplemente otro reportaje.

En nuestro siglo XXI, los cristianos sufren ataques de una manera significativa. En la espiritualidad de ser corresponsable, hablamos del discipulado maduro en el cual que contestamos al llamado de Cristo, sin importar el precio. Hoy en día, el precio se hace más y más grande. Nuestra fuerza es Jesús y el Cuerpo de Cristo. Nuestros suplicios y persecuciones se conectan, si sean enormes o pequeños. La solidaridad ayudó a vencer al comunismo en muchas partes de mundo, y hoy podemos defender a nuestros hermanos y hermanos cristianos frente a los males nuevos. Es difícil, claro, pero en esta batalla la victoria ya es ganada.

http://www.spectator.co.uk/features/9041841/the-war-on-christians/

PARA RESPONDER

Pasa una hora investigando las varias maneras en que los cristianos son perseguidos a lo largo del mundo. Busca historias en las medias de comunicación seculares y cristianos, como el Catholic News Service.

DEDICA TIEMPO PARA REFLEXIONAR

¿En qué maneras me he sentido perseguido por otros debido a mi fe católica?

Ser Responsable

La sexta característica
de la corresponsabilidad

Parecerse a Jesús

¡Miren cómo nos amó el Padre! Quiso que nos llamáramos hijos de Dios, y nosotros lo somos realmente. Si el mundo no nos reconoce, es porque no lo ha reconocido a él. Queridos míos, desde ahora somos hijos de Dios, y lo que seremos no se ha manifestado todavía. Sabemos que cuando se manifieste, seremos semejantes a él, porque lo veremos tal cual es.

—1 Juan 3, 1-2

Estaba creando un video de felicitación para las vacaciones de Navidad en el internet; fue un video cómico en que se ponen fotos de las caras de familia en cuerpos de caricaturas. El video tenía cinco personajes, perfecto para nuestra familia de dos padres y tres hijos. Después de subir las fotos y finalizar el video, lo vi. Después de ver la cuarta parte del video, me pregunté porque mi hijo mayor no aparecía en la pantalla. Luego me di cuenta de que no lo reconocí porque ¡había confundido su cara y la mía! Sin nuestros cuerpos, nuestras caras se parecían iguales, y no podía distinguirlas.

La Primera Carta de Juan nos dice que el mundo todavía no nos ve por quienes somos porque no reconoce a Jesús. Cuando por fin el mundo Lo reconozca, todos nos verán por quienes somos porque nos parecemos a Él. Entonces por el momento, no lo des por sentado que las personas te verán y exclamarán: "¡Que corresponsabilidad! ¡Qué buen discípulo eres! ¡Eres como Jesús!" Unos verán tu modo de vida y lo entenderán. Les animarás a vivir como Jesús también. Por otro lado, muchos te verán y escucharán a lo que dices y se preguntarán, ¿por qué no abres los ojos y concuerdas con el mundo? No es fácil darse cuenta de que eres el único discípulo en tu vecindad, lugar de trabajo, o familia. Es especialmente difícil cuando eres joven y asistes a una escuela donde Dios es materia que se estudia y no es una realidad.

¡No tengas miedo! ¡No estás solo! Y cuando llegue la hora en que toda la creación Le reconoce por quien es, no podrán diferenciar entre Él y Sus hijos. De hecho, no querría parecerme a nadie más.

PARA RESPONDER

Pregunta a un amigo si él o ella ha visto la presencia de Cristo en ti. Pide que él/ella elabore.

DEDICA TIEMPO PARA REFLEXIONAR

¿Cuándo fue la última vez que vi la cara de Cristo en alguien?

Acercarse al home plate

¿De qué le sirve a uno, hermanos míos, decir que tiene fe, si no tiene obras? ¿Acaso esa fe puede salvarlo? ¿De qué sirve si uno de ustedes, al ver a un hermano o una hermana desnudos o sin el alimento necesario, les dice: "Vayan en paz, caliéntense y coman", y no les da lo que necesitan para su cuerpo? Lo mismo pasa con la fe: si no va acompañada de las obras, está completamente muerta. Sin embargo, alguien puede objetar: "Uno tiene la fe y otro, las obras". A ese habría que responderle: "Muéstrame, si puedes, tu fe sin las obras. Yo, en cambio, por medio de las obras, te demostraré mi fe".

—Santiago 2, 14-18

Estoy seguro de que les vuelvo locos a mis hijos. Cuando no hacen lo que los he mandado hacer, me dicen, "¡Lo siento!" a lo cual contesto, "¡No lo lamenten!" Me miran con una mirada que dice, "Por qué no aceptas nuestra disculpa? ¿Quién no acepta el 'Lo siento?'" Entonces les digo, "Si de veras lo lamentaran, ¡cambiarían y harían lo que les mande! Por supuesto la respuesta siempre es, "¡Se me olvidó!" ¿Se te olvidó? ¿Cómo se les olvida una orden que he dicho tantas veces en el transcurso del día? Si les vuelvo loco, es porque ellos me vuelven loco primero.

San Santiago probablemente estaría de acuerdo conmigo, o por lo menos quiero creer que lo estaría. Él preguntó: "si uno dice que tiene fe, pero no viene con obras, ¿de qué le sirve?" Comenta más, hablando de los que esperar lo bien a otros, pero no hacen nada para ayudar a otros. Desafortunadamente, a veces todos nosotros hablamos tanto sin hacer lo que predicamos. Decimos las cosas correctas, pero hacemos menos de lo necesario, o hacemos nada.

No es fácil ser corresponsable, respondiendo al llamado diario de compartir más, dar más, y amar más. Mientras escribo estas reflexiones, me sorprenden mis propios defectos y faltas. No quiero escribir algo sin interiorizarlo al punto de acción. Como una persona corresponsable, trato de ser mejor discípulo hoy que ayer, y rezo que mañana seré mejor que de lo que soy ahora. Si puedo mandar a mis hijos que hagan lo mismo, no me considerarán loco.

PARA RESPONDER

Piensa en algo que no lograste, y haz lo que necesitas para cumplir la tarea.

DEDICA TIEMPO PARA REFLEXIONAR

¿Qué tres cosas me hacen posponer en mi vida? ¿Cómo me puede ayudar Dios a superarlas?

Esta lucecita mía

"En esto consiste el juicio: la luz vino al mundo, y los hombres prefirieron las tinieblas a la luz, porque sus obras eran malas. Todo el que obra mal odia la luz y no se acerca a ella, por temor de que sus obras sean descubiertas. En cambio, el que obra conforme a la verdad se acerca a la luz, para que se ponga de manifiesto que sus obras han sido hechas en Dios".

—Juan 3, 19-21

Mi pastor colecciona velas usadas de Pascua. Nunca son tan altos ni rectos como lo eran durante su primer uso para la Pascua; no obstante, las mechas quemadas y la cera derretida representan la nueva vida en el bautismo, los fieles que se han muerto, y la gloria y la majestuosidad de otra Vigilia y temporada de Pascua.

Cuando entramos en una sala con mucha historia, pensamos, "Si las paredes pudieran hablar." ¿Y si las velas de Pascua pudieran hablar? Nos contarían de la oscuridad en la vida cierta gente hasta que les entró la luz de Cristo. Nos contarían de los bebés que recibieron la promesa de la vida eterna a través de la fe y el testimonio de sus padres. Oiríamos de los adultos que estaban perdidos, pero ahora están encontrados. Nos contarían la pena y el sufrimiento que acaban en los brazos cariñosos de Cristo. Nos dirían estas cosas, y nos recordarían de que las velas existen para testificar la verdad de la Luz, y que a través de la Luz podemos ver todas las cosas más claramente.

¿Todavía tienes tu vela de bautismo? Ha compartido una llama con la vela de Pascua. Testifica la verdad de que la Luz todavía está en ti. Encuéntrala, y enciéndela otra vez. Úsala para orar y reflexionar sobre tu vida. Pida al Señor que la Luz crezca en ti para que todos puedan verla. Esta Luz te ha dejado ver más claramente. Si la Luz brilla de forma más deslumbrante en ti, los otros verán más claramente también.

Encuentra tu vela de bautismo y enciéndela mientras rezas por

DEDICA TIEMPO PARA REFLEXIONAR

¿Cuáles son tres obstáculos que impiden que mi luz brille?

BRILLAR

Todas las familias son sagradas

La gloria de un hombre proviene del honor de su padre y una madre despreciada es un oprobio para los hijos. Hijo mío, socorre a tu padre en su vejez y no le causes tristeza mientras viva. Aunque pierda su lucidez, sé indulgente con él; no lo desprecies, tú que estás en pleno vigor. La ayuda prestada a un padre no caerá en el olvido y te servirá de reparación por tus pecados. Cuando estés en la aflicción, el Señor se acordará de ti, y se disolverán tus pecados como la escarcha con el calor.

—Eclesiástico 3, 11-15

Les necesito leer a mis hijos el pasaje de Eclesiástico que habla de niños y sus responsabilidades hacia sus padres. Habla de la obediencia, la consideración, y la amabilidad. Particularmente quiero que ellos escuchen el verso que dice "ayude a su padre en su vejez." En mi vejez quiero vivir en un bungaló cerca del mar, con una bodega, un refrigerador, y un bar bien surtidos.

Pero en serio, la escritura nos dice que los miembros de una familia tienen responsabilidades mutuas. La mayoría de nosotros no elegimos nuestra familia. Sin embargo, elegimos cumplir con estas responsabilidades.

Cuando empecé a participar en la espiritualidad de la corresponsabilidad, mi opinión cambió completamente. Ya no los amo simplemente porque ellos eran de mi esposa y de mí. De veras eran bendiciones que Dios nos había dado. La esencia del cambio llegó cuando me di cuenta de que asumo la responsabilidad de recibir estas bendiciones y convertirles en mejores humanos. Ya no los consideré como míos, sino de Dios.

Se me llenan los ojos de lágrimas cada vez que pienso en esta realidad. Además, me humilla que Dios me haya elegido para encomendar a mí estas creaciones magníficas.

Ahora, más que nunca, hay que rezar por todas las familias de nuestro mundo. La familia está siendo atacada de todos los frentes, grandes y pequeños. Si podemos ver que somos bendiciones para los demás, nuestras acciones representarán esa verdad. Si podemos asumir la responsabilidad del uno al otro, podemos demostrar al mundo el significado verdadero del amor.

PARA RESPONDER

Llama por teléfono a un miembro de tu familia al cual no ves cada día y dile cuanto le amas.

DEDICA TIEMPO PARA REFLEXIONAR

¿Quiénes son tres miembros de mi familia, o tres amigos buenos, que Dios ha utilizado en mi vida para que Le acerque?

Saber tus talentos

"El reino de los Cielos es también como un hombre que, al salir de viaje, llamó a sus servidores y les confió sus bienes. A uno le dio cinco talentos, a otro dos, y uno solo a un tercero, a cada uno según su capacidad; y después partió. En seguida, el que había recibido cinco talentos, fue a negociar con ellos y ganó otros cinco. De la misma manera, el que recibió dos, ganó otros dos, pero el que recibió uno solo, hizo un pozo y enterró el dinero de su señor".

—Mateo 25, 14-18

La parábola esencial de ser corresponsable es la de los talentos. Podemos dar por hecho la realidad de que debemos usar lo que nos ha dado Dios y cultivarlo más abundantemente para devolvérselo. Pero siento lástima por el siervo temeroso que tenía demasiado miedo de hacer mucho con el único talento que había recibido. Creo que temía, no sólo debido a las órdenes del patrón, sino también porque no sabía ninguna idea de cultivar el talento singular. No entendía lo que había recibido.

Un día, di una clase sobre cómo ser talentoso y bendecido. Enseñé que podemos saber cuándo usamos los talentos que Dios nos dio porque en esos momentos estamos más feliz que nunca. Una mujer inmediatamente nos dijo que ya no quería ser lectora en la misa. Le pregunté por qué no, porque era buena lectora. Dijo que cada domingo cuando salía de su casa se puso tan nerviosa. Leer al público no ra una bendición de Dios. Unas semanas después, me acercó después de la misa y dijo: "Hoy fue mi primer día de ser Ministra Extraordinaria de la Eucaristía, y ¡esta mañana me fui de mi casa tan feliz! ¡Gracias!"

¿Cómo puedes ser corresponsable si no sabes lo que Dios te ha dado? Mucha gente enfrenta esta situación. Yo creo que hemos sido creados tan únicamente que podemos ser un talento singular que no tiene nadie más. Los otros de la parábola cultivaron más con sus talentos, pero es posible que el siervo que tuviera el talento singular lo habría cultivado en una fortuna.

PARA RESPONDER

Si nunca lo has hecho, haz la evaluación Clifton StrengthsFinder en el internet. Se pueden comprar las claves en el internet, o puedes encontrarlas en algunos libros por Gallup.

DEDICA TIEMPO PARA REFLEXIONAR

¿Cuáles son tres características que me hacen único? ¿Cómo las puedo cultivar para usarlas para la gloria de Dios?

Después de todo, ¿a quién sirves?

Por amor a Jacob, mi servidor, y a Israel, mi elegido,
yo te llamé por tu nombre, te di un título insigne, sin que tú me conocieras.
Yo soy el Señor, y no hay otro, no hay ningún Dios fuera de mí,
Yo hice empuñar las armas, sin que tú me conocieras,
para que se conozca, desde el Oriente y el Occidente,
que no hay nada fuera de mí.
Yo soy el Señor, y no hay otro.

—Isaías 45, 4-6

Hace años que Bob Dylan escribió: "Tendrás que servir a alguien." Como cristianos, muchas cosas compiten por nuestro tiempo, talentos y bendiciones, como trabajar para mantener a nuestras familias, o participar en organizaciones cívicas o parroquiales. Pero el Señor Dylan nos muestra que no importa cuales etiquetas usamos en esta vida porque esas etiquetas no determinan a quien servimos.

Por más de 20 años he trabajado para la Iglesia Católica. He trabajado para muchos pastores diferentes. También he tenido la fortuna de viajar a muchos lugares y dar presentaciones sobre la fe, la corresponsabilidad, y el compromiso cuando los pastores y obispos me lo han pedido. Siempre trator de hacer buen trabajo, no sólo porque me pagan, sino también porque ellos representan la iglesia de Cristo. Pero cada día, sin importar donde estoy, el sol se pone y el día termina, y me doy cuenta de que estoy solo con Jesús. A menos que estoy tan cansado que cuando ya me he acostado, me pregunto: "¿Te he complacido hoy, Señor?"

Entonces, sí, paga al César lo que es suyo. Participa en todas las cosas que Dios ha proveído en la tierra para que nuestras vidas tengan orden. Trabaja con la mejor capacidad posible, y siempre glorifica a Él. Participa en tu parroquia, comprendiendo que a través de esa entidad tienes acceso al Dios vivo y verdadero en los sacramentos. Nunca pierdas de vista las palabras de Dios: "Yo soy el Señor, no hay ningún otro."

PARA RESPONDER

When you go to bed tonight, ask God the question, "Have
I Cuando te duermas esta noche, pregunta a Dios: "¿Te he
complacido hoy?" Pasa 5-10 minutos examinando los eventos
del día.

DEDICA TIEMPO PARA REFLEXIONAR

¿Cuáles son tres cosas de mi vida que me impiden servir a Dios?

NO HAY OTRO

Una nueva creación contra la naturaleza humana

Porque el amor de Cristo nos apremia, al considerar que si uno solo murió por todos, entonces todos han muerto. Y él murió por todos, a fin de que los que viven no vivan más para sí mismos, sino para aquel que murió y resucitó por ellos.

Por eso nosotros, de ahora en adelante, ya no conocemos a nadie con criterios puramente humanos; y si conocimos a Cristo de esa manera, ya no lo conocemos más así. El que vive en Cristo es una nueva criatura: lo antiguo ha desaparecido, un ser nuevo se ha hecho presente.

—2 Corintios 5, 14-17

Parecería que mucha gente de nuestro mundo moderno piensa poco de la naturaleza humana. Según las revistas y los periódicos, la tele, y los medios de comunicación en el Internet, no podemos gobernar nuestra avaricia por personas, poder ni dinero; y, cuando tenemos que decidir, elegiremos incorrectamente casi siempre. El peor de esta evaluación es: porque esas cosas se ven como la verdad, esas elecciones ya no son tan malas. ¿Cómo es puede ser malo algo que todos hacen? Al considerar, este argumento no es sólo de los medios de comunicación; mis hijos siempre discuten así. En serio, mientras crecen mis hijos y sus argumentos se hacen más sabios, me encuentro a mí mismo preguntando si ciertas cosas ya no son como eran.

Pero recuerdo quien soy yo como una persona bautizada: una nueva creación en Cristo. La realidad es que el mundo es correcto: no puedo gobernar la avaricia por cosas materiales, y muchas veces voy a decidir incorrectamente. Pero todo eso nos falta Jesús. Con Jesús, me he transformado y tengo el poder para resistir la tentación y seguir un camino más angosto, pero a la vez mejor. Para ser corresponsable, un discípulo maduro, y cristiano relevante, requerimos a Cristo. A veces, mis hijos y yo no comprendemos que los que quieren reducir las acciones humanas a respuestas simples y bestiales, también reducen la dignidad de la persona humana. Somos más que eso. A través de Su cruz y resurrección, Jesús redimió a toda creación. Y para nosotros que queremos unirnos a su Cuerpo en la tierra, las palabras de San Pablo son una inspiración: "El que vive en Cristo es una nueva criatura: lo antiguo ha desaparecido, un ser nuevo se ha hecho presente".

PARA RESPONDER
Memoriza o escribe en una hoja de papel las palabras de Pablo. Cuando te encuentres en momentos de deseo para el dinero, posesiones, o personas, di las palabras a ti mismo.

DEDICA TIEMPO PARA REFLEXIONAR
¿En cuáles tres aspectos de mi vida no he dejado que entre el poder del bautismo? ¿Cómo puedo cambiar esta realidad?

El año litúrgico

Tu viaje estacional

Adviento I: Tu último Adviento en la tierra

"Tengan cuidado y estén prevenidos porque no saben cuándo llegará el momento. Será como un hombre que se va de viaje, deja su casa al cuidado de sus servidores, asigna a cada uno su tarea, y recomienda al portero que permanezca en vela. Estén prevenidos, entonces, porque no saben cuándo llegará el dueño de casa, si al atardecer, a medianoche, al canto del gallo o por la mañana. No sea que llegue de improviso y los encuentre dormidos. Y esto que les digo a ustedes, lo digo a todos: '¡Estén prevenidos!' ".

—Marcos 13, 33-37

Esperar no es fácil. Si te falta la paciencia, como yo, probablemente ya quieres que ocurra lo que va a ocurrir. Recuerdo esperar el nacimiento de mis hijos; también cuando visité a mi padre agonizante en el hospital. El año pasado esperamos tener respuestas de las universidades, lo cual nos hicimos sentir nerviosos.

Para que las horas pasen más fácilmente, y porque es prudente y sabia, hacemos preparativos. Preparamos los cuartos de los bebés, redactamos nuestras últimas voluntades y testamentos, y revisamos el correo para los emblemas universitarios. Luego, cuando ocurre el evento y revela nuestro destino, la preparación acaba. O te has preparado bien, o te das cuenta que te acciones no te han preparado nada.

El Adviento llega cada año. A diferencia de otras cosas que solamente ocurren una vez, hemos experimentado el Adviento muchas veces. Aunque esto es el caso, cuando llegue la Navidad, muchos pensaremos que ya lo perdimos, y el próximo año será el año para tomarlo en serio. Por supuesto, no hay ninguna promesa que el próximo año vaya a pasar. ¿Qué harías si supieras que este Adviento fuera el último?

Hace muchos años leí un libro sobre cómo vivir este ano como si fuera el último. El autor comenta que vivir así provee motivación para vivir la vida al máximo. Por primera vez empiezas a observar. Haces planes que siempre retrasas. Les dices a los demás lo que siempre has querido decir.

Espero que aún le queden muchos años a todos que están leyendo para disfrutar de la vida. Sin embargo, acerquémonos al siguiente Adviento como si fuera el último. Creo que la Navidad será más agradable. Y, ¿quién sabe?, posiblemente descubrimos un nuevo y mejor modo de vida.

PARA RESPONDER

Compra dos coronas del Adviento. Si todavía no tienes una, úsala. Regala la otra a un amigo. Si ya tienes una, regala las dos a tus amigos.

DEDICA TIEMPO PARA REFLEXIONAR

Si solamente tuviera un año para vivir, ¿cuáles son tres cambios que haría en mi vida?

Adviento II: Hacer nada para prepararte

Pero ustedes, queridos hermanos, no deben ignorar que, delante del Señor, un día es como mil años y mil años como un día. El señor no tarda en cumplir lo que ha prometido, como algunos se imaginan, sino que tiene paciencia con ustedes porque no quiere que nadie perezca, sino que todos se conviertan.

—2 Pedro 3, 8-9

Cuando otra persona conduce, me gusta dormir en viajes largos. Te quedas dormido, te despiertas, y —¡sorpresa!— han pasado 90 minutos.

Para nosotros, las horas nunca cambian, pero nuestra percepción del tiempo cambia. Los niños se hacen aburridos después de pocos minutos de esperar. A veces, las horas pasan demasiado rápidamente, dejándonos con el sentimiento de no estar preparado.

Sí, creo que Dios nos da importancia. Pero también creo que el cantautor, James Taylor, sabe algo verdadero cuando él escribió: "El secreto de la vida es disfrutar del paso del tiempo." Cuando estamos ocupados con el trabajo, familia, iglesia, o eventos cotidianos de la vida, nos sentimos importantes. Cuando nada ocurre, pensamos que el mundo nos pasa sin consideración.

Los corresponsables están llamados a devolver todo a Dios. Es fácil entender por qué Le ofrecemos los tiempos buenos, y, claro, Le llamamos durante los tiempos malos, pero también Le tenemos que dar los tiempos ordinarios y tranquilos. Necesitamos gozar la bendición del paso del tiempo, sentándonos en un porche, o esperando una llamada, o reflexionando en el día antes de dormirnos. Voy a confesar que a veces soy mejor cuando no hago nada. No suena normal, yo sé. Pero estoy más consciente durante los momentos en que Jesús me acerca. Siempre soy mejor cuando estoy al lado de Dios.

Entonces, este Adviento, mira y espera. Pronto viene Él. El secreto es

PARA RESPONDER

Por 20 minutos, en un parque o en tu porche, observa la creación de Dios.

DEDICA TIEMPO PARA REFLEXIONAR

¿Cuáles son tres cosas anticipadas que me prueban la paciencia?
¿Cómo me puede ayudar esta reflexión y pasaje de escritura?

PACIENCIA

La Navidad: la interrupción de la encarnación

Porque dice la Escritura: Yo pongo en Sión una piedra angular, elegida y preciosa: el que deposita su confianza en ella, no será confundido. Por lo tanto, a ustedes, los que creen, les corresponde el honor. En cambio, para los incrédulos, la piedra que los constructores rechazaron ha llegado a ser la piedra angular: piedra de tropiezo y roca de escándalo. Ellos tropiezan porque no creen en la Palabra: esa es la suerte que les está reservada. Ustedes, en cambio, son una raza elegida, un sacerdocio real, una nación santa, un pueblo adquirido para anunciar las maravillas de aquel que los llamó de las tinieblas a su admirable luz.

—1 Pedro 2, 6-9

Un día de diciembre mi hijo nos informó que por la mañana de navidad, iba a despertarse muy temprano para servir desayuno a las personas sin hogar. Somos una familia cristiana, pero nunca teníamos esa tradición. La rutina siempre había sido la misma: ir a víspera de Navidad, despertarnos temprano, abrir regalos, reflexionar y celebrar brevemente el nacimiento de Jesús, y después yo tenía que trabajar en la iglesia. Este año mi hijo puso una traba a nuestro plan.

Al principio, sus hermanos no estaban contentos. Cuando ellos se despertaron, él ya se había ido. Por eso, y porque nuestra familia no estaba reunida en la madrugada, ellos tenían que esperar que el regresara para que pudieran abrir regalos. Para ellos, mi hijo no estaba sirviendo a los pobres; sino que estaba siendo egoísta.

Entendí la frustración de mis hijos porque era una respuesta natural. Cuando se interrumpe nuestra rutina, nos hace descontentos e incómodos. Cuando no se cumplen las expectativas, nos sentimos engañados. Cuando otros nos impiden gustar nuestra felicidad, o la retrasan por un momento, no tenemos paciencia. Claro, él fue al comedor de beneficencia, y cuando regresó todo ocurrió como lo mismo de siempre. Y todos estábamos orgullosos de él.

El llamado de Dios frecuentemente interrumpe nuestras rutinas, cambia nuestros planes, y nos saca de nuestros elementos. La historia de la navidad no es nada ordinaria. Tenemos que seguir dejando que Dios, quien nació en un establo modesto, interrumpa nuestras vidas para Su Reino.

PARA RESPONDER
Esta Navidad, pasa 1-2 horas ayudando a servir a los pobres, encarcelados, ancianos, o solitarios.

DEDICA TIEMPO PARA REFLEXIONAR

¿Cuáles son tres cosas que puedo añadir a mi tradición navideña para hacerme corresponsable?

INTERRUPCIÓN

Miércoles de Ceniza: llevar la marca de Jesús

Nosotros somos, entonces, embajadores de Cristo, y es Dios el que exhorta a los hombres por intermedio nuestro. Por eso, les suplicamos en nombre de Cristo: Déjense reconciliar con Dios. A aquel que no conoció el pecado, Dios lo identificó con el pecado en favor nuestro, a fin de que nosotros seamos justificados por él.

—2 Corintios 5, 20-21

Un año, el miércoles de ceniza y un debate presidencial cayeron el mismo día. A causa de que algunos de los candidatos eran católicos, quería saber si alguno apareciera en la televisión llevando la ceniza. Ninguno lo hizo ni mencionó el miércoles de ceniza.

No es día festivo de obligación, así que quizás ninguno fue a la misa, o quizás fue a la misa, pero decidió lavar su frente después de oír la amonestación de Jesús a los hipócritas que resaltaron sus ayunos, oraciones y limosnas. Nunca dudaría la fe de una persona que no tenía la ceniza en su frente.

No obstante, dejamos que las palabras de Jesús sirvan como excusa para restar importancia a nuestra fe. Eso no era Su intención. Ser testigo y jactarse son cosas muy distintas. Me encanta ver a los alumnos en misa para el miércoles de ceniza antes de las clases. Estoy seguro que muchos llevan la ceniza durante todo el día y otros les preguntan por la mancha en sus frentes. Créeme, cuando tienes 16 años, eso no es jactarse; sino que eso es valor.

El miércoles de ceniza es el momento perfecto para traer a Dios en los lugares y momentos cotidianos. Si estás en el mercado o aparece en la tele, la ceniza dice más de lo que palabras podrían. Si vas temprano a la misa, puedes llevar la ceniza todo el día. ¿No es para ti la evangelización? La iglesia hace que la evangelización sea muy fácil durante este miércoles de ceniza.

PARA RESPONDER

Encuentra una manera adicional que te puede ayudar a ser testigo al papel que juega Jesucristo en tu vida: una cruz, una obra de arte, una pegatina de parachoques, una camiseta, etc.

DEDICA TIEMPO PARA REFLEXIONAR

¿Cuándo fueron tres momentos de mi vida cuando estaba aprensivo o incómodo para compartir mi fe?

La Cuaresma I: sacrificarnos

"Les aseguro que si el grano de trigo que cae en la tierra no muere, queda solo; pero si muere, da mucho fruto. El que tiene apego a su vida la perderá; y el que no está apegado a su vida en este mundo, la conservará para la Vida eterna. El que quiera servirme que me siga, y donde yo esté, estará también mi servidor. El que quiera servirme, será honrado por mi Padre".

—Juan 12, 24-26

Cada cuaresma tiene la posibilidad de hacer lagrimear a una persona durante una reflexión de la Cruz. Sufrir tanto dolor y angustia para haya nueva vida es un evento incomprensible. Con sangre y lágrimas en Sus ojos, Jesús gritó: "¿Por qué me has abandonado?" No te equivoques; la Encarnación se queda en un instrumento de madera, hecho del odio y del ridículo, que se usa para la tortura. Y de esta experiencia, todas cosas se hacen nuevas.

Jesús era ese grano de trigo que se cayó al suelo y murió, pero produjo una cantidad inagotable de fruto. Cuando Jesús habló de Su tiempo de glorificación, trató de explicar este proceso de nueva vida. Una vida tiene que acabar para que comience una vida nueva. Su muerte y resurrección pasaron para proveernos un modo de morir y resucitarnos en Él.

La corresponsabilidad nos llama a morir y vivir nuevas vidas en Jesucristo. Como granos de trigo que caen al suelo, podemos producir fruto. Si no nos muriéramos, no podríamos cambiar ni participar en la abundancia de Su gracia.

Mientras se está acabando la cuaresma, todavía hay tiempo para librarnos de nuestras vidas pasadas. Ve al sacramento de la reconciliación; toma parte en las devociones adicionales de tu parroquia, como el Viacrucis o la adoración de la Eucaristía. Reza más. Entonces, cuando llegue la Pascua, el fruto que se ha producido y se producirá, se puede ofrecer a Dios. Tus talentos se van a recibir con alegría y se van a multiplicar. Porque nos hemos muerto y resucitado con Cristo para que ya no muramos otra vez.

PARA RESPONDER

Ve al sacramento de la reconciliación durante las próximas semanas.

DEDICA TIEMPO PARA REFLEXIONAR

¿Cuál devoción católica podría aprender y añadir a mi vida de oración?

La Cuaresma II: llevar la cruz

Al mediodía, se oscureció toda la tierra hasta las tres de la tarde; y a esa hora, Jesús exclamó en alta voz: "Eloi, Eloi, lamá sabactani", que significa: "Dios mío, Dios mío, ¿por qué me has abandonado?". Algunos de los que se encontraban allí, al oírlo, dijeron: "Está llamando a Elías". Uno corrió a mojar una esponja en vinagre y, poniéndola en la punta de una caña le dio de beber, diciendo: "Vamos a ver si Elías viene a bajarlo". Entonces Jesús, dando un grito, expiró.

—Marcos 15, 33-37

Cuando tratamos de entender el poder de la corresponsabilidad, no tenemos que ir más allá de la Cruz. Sirve como un ejemplo tremendo de dar gratuitamente para Dios y su gente. Jesús respondió al llamado, sin importar el precio, y el precio fue su vida.

La mayoría de nosotros no tendremos que sacrificar nuestras propias vidas para contestar al llamado de Dios. Pero hay cristianos por todo el mundo que se sacrifican cada día. Hay misioneros que han muerto por la violencia o enfermedad. Los activistas han defendido los derechos de otros y por eso perdieron su propio derecho a vivir. Estos hombres y estas mujeres han jurado mantener la paz o rescatar a otros del desastre, y ellos han sacrificado una vida con su familia y amigos para salvar a la gente vulnerable. Esas personas contestan al llamado y responden con valor y compromiso.

Aunque nuestro sacrificio no es tan grande, el poder de nuestra respuesta no se disminuye. Es posible que a través de nuestras acciones pequeñas diarias, Dios le transforme a alguien. No importa el tamaño del sacrificio, pero importa la disposición de sacrificar. El sacrificio de Jesús es suficiente para toda la humanidad. Estamos llamados a transformar esa realidad en nuestras vidas modestas.

Cuando es difícil ser corresponsable, mira a la cruz y encuentra tu fuerza en Dios, quien sabe exactamente la dificultad de vivir en tierra. Hay otros que llevan sus cruces, y en ellos van a descubrir empatía y compañerismo. Reflexiona en las vidas de los santos y los que se sacrificaron por su amor de Dios. Sigue adelante en un mundo que necesita Cristo, y da gracias porque sabes que sin Él, los días serían tan difíciles.

PARA RESPONDER

Localiza una copia de la película, *La Pasión* o *Jesús de Nazaret*. Mira las partes de la pasión y muerte de Jesús.

DEDICA TIEMPO PARA REFLEXIONAR

¿Qué tengo en lo que respecta al tiempo, talento, o bendición que todavía no he devuelto a Dios?

Jueves Santo: lavar los pies del uno al otro

Se sacó el manto y tomando una toalla se la ató a la cintura. Luego echó agua en un recipiente y empezó a lavar los pies a los discípulos y a secárselos con la toalla que tenía en la cintura. Cuando se acercó a Simón Pedro, este le dijo: "¿Tú, Señor, me vas a lavar los pies a mí?". Jesús le respondió: "No puedes comprender ahora lo que estoy haciendo, pero después lo comprenderás". "No", le dijo Pedro, "¡tú jamás me lavarás los pies a mí!". Jesús le respondió: "Si yo no te lavo, no podrás compartir mi suerte". "Entonces, Señor", le dijo Simón Pedro, "¡no sólo los pies, sino también las manos y la cabeza!".

Después de haberles lavado los pies, se puso el manto, volvió a la mesa y les dijo: "¿comprenden lo que acabo de hacer con ustedes? Ustedes me llaman Maestro y Señor, y tienen razón, porque lo soy. Si yo, que soy el Señor y el Maestro, les he lavado los pies, ustedes también deben lavarse los pies unos a otros. Les he dado el ejemplo, para que hagan lo mismo que yo hice con ustedes".

— Juan 13, 4-9. 12-15

C La corresponsabilidad cristiana empezó esta noche en el sitio más alto. Humanos ordinarios presenciaron al Hijo de Dios humillarse al punto incomprensible, y todo tenía el propósito de servirles a ellos. Esa noche lo ordinario se hizo lo extraordinario. Jesús les demostró el amor sincero y cómo compartir el amor con las personas fuera de ese cuarto. Pero, ¿cómo podrían convertir los corazones de otros en nombre de Jesús si fueran mucho menos importante que su Maestro? La respuesta: Jesús les alimentaría con Su cuerpo. Ya no Lo verían, porque los eventos que empezaron esa noche llevarían a Su tortura, muerte, resurrección, y ascensión al Padre. Su Cuerpo y Sangre les van a alimentar para su tarea: ser testigos de las Buenas Noticias de Cristo.

En una noche, Jesús nos dio un ejemplo de ser corresponsable y nos mostró Su camino. Nos mostró cómo vaciarnos al punto de hacernos sirvientes de todos los demás. El camino es la Eucaristía, por el cual todo es posible. Cuando participamos en el banquete, nos hacemos Cristo en un mundo que lo necesita. Sería tarea abrumadora si no nos hubiera mostrado *cómo ser Cristo*. Un acto sencillo de lavar los pies de otros nos enseñó más que cualquier sermón o escritura sagrada.

Como gente corresponsable, creemos que todo lo que tenemos es bendición de Dios. Esa noche, antes de la institución de la Eucaristía, Jesús nos mandó que lavemos los pies de otros. Es decir, nos dio el uno al otro. Si proclamamos que somos de Él, también somos de todos. Ojalá que el Cristo en nosotros nos propulse a lavar los pies de otros para siempre.

PARA RESPONDER

En la próxima semana, ve y pasa 10 minutos en la Adoración de la Eucaristía.

DEDICA TIEMPO PARA REFLEXIONAR

¿De qué tres maneras soy un Cristo regularmente para otra gente?

La pasión: toma tu cruz y sígueme

Entonces Jesús dijo a sus discípulos: "El que quiera venir detrás de mí, que renuncie a sí mismo, que cargue con su cruz y me siga. Porque él que quiera salvar su vida, la perderá; y el que pierda su vida a causa de mí, la encontrará. ¿De qué le servirá al hombre ganar el mundo entero si pierde su vida? ¿Y qué podrá dar el hombre a cambio de su vida?"

—Mateo 16, 24-26

Según el evangelio de San Mateo, Jesús nos avisa: "Si alguien quiere ser mi discípulo, tiene que negarse a sí mismo, tomar su cruz y seguirme." Es una invitación a una nueva manera de vida, y un plan que lleva a la santidad, pero también es un aviso. La Cruz es un símbolo de la victoria, pero solamente cuando la Resurrección la ilumina. Sola, es símbolo del último sacrificio: el sacrificio que hizo Jesucristo por un mundo roto, y el sacrificio que nos llama hacer para seguirle.

La cultura moderna ha disminuido el poder de este símbolo. Se usa en el mundo de moda, arte ornamental, en pegatinas de parachoques y camisetas, y a veces con clichés cristianos. La Cruz es mucho más que eso. Es un recuerdo de la tortura, el sufrimiento, y la muerte del Uno que tanto nos ama que se sacrificó para nosotros. Dios está en la Cruz. Es Dios quien grita en desesperanza, sintiendo la profundidad de los sentimientos humanos. Por eso tenemos la clave para vivir y llevar nuestras cruces.

Para los que han experimentado la muerte de alguien querido, el Padre perdió a Su Hijo. Para los que experimentan las enfermedades, se rompió, golpeó, y clavó el cuerpo de Cristo. Para los que se sienten que no se pueden escapar, debido a las prisiones físicas o de la mente, Jesús se colgó de la Cruz y gritó: "¿Por qué?" Para los que están solos y abandonados, nuestro Señor se colgó de madera donde nadie, incluso Su madre, le podía consolar. Ha experimentado nuestras aflicciones, y ahora nos llama a experimentar Su sacrificio. Encontramos la solidaridad de la condición humana en la Cruz. Encontramos la esperanza en la tumba vacía.

PARA RESPONDER

Localiza en tu casa una cruz o un crucifijo, míralo y reflexiona en lo que te está diciendo.

DEDICA TIEMPO PARA REFLEXIONAR

Recientemente, ¿cuándo me pidió hacer algo Dios, pero no estaba dispuesto a sacrificar para hacerlo?

La vigilia pascual: iluminar la oscuridad

Al principio Dios creó el cielo y la tierra. La tierra era algo informe y vacío, las tinieblas cubrían el abismo, y el soplo de Dios se cernía sobre las aguas. Entonces Dios dijo: "Que exista la luz". Y la luz existió. Dios vio que la luz era buena, y separó la luz de las tinieblas.

—Génesis 1, 1-4

La luz de una vela puede iluminar un lugar por completo. Una cerilla dispersa la oscuridad, dejando que veas. Si te mueves demasiado rápidamente mientras cargas la vela, la llama se apaga. Puedes proteger la llama del viento con tu mano, pero todavía la llama se mueve como si te advirtiera de su expiración.

Entonces enciendes otra vela, una que llevas en las manos y pones la otra en la mesa. Hay más luz ahora, pero te aseguras de que si apague la vela en tu mano, la otra seguirá encendida. Claro, una vela no dura para siempre. La cera se derrite, poco a poco, y te preguntas si la oscuridad te consumirá antes de que salga el sol. Entonces cuentas con nuevas velas por toda la noche. Una vela ilumina la oscuridad, pero muchas velas aseguran que la luz de la primera no va a desaparecer.

En las Vigilias de Pascua por todo el mundo, nuevas velas pascuales y procesionales iluminarán la noche mientras se bautizan nuevos discípulos, y se reafirman las promesas desde hace años. El sol va a salir en la mañana de Pascua, y no hay necesidad para las llamas de velas. La Luz de Cristo está encendida dentro de nosotros, e ilumina todo el mundo para que todos puedan ver, hasta que regrese el Hijo, como la primera mañana de Pascua.

PARA RESPONDER

Pasa 10 minutos en un lugar oscuro e imagina un mundo sin luz.

DEDICA TIEMPO PARA REFLEXIONAR

¿Quiénes son tres personas que necesitan la Luz de Cristo en sus vidas? ¿Cómo puedo traerles esta Luz?

El domingo de Pascua: la necesidad de la tumba vacía

Pero al mirar, vieron que la piedra había sido corrida; era una piedra muy grande. Al entrar al sepulcro, vieron a un joven sentado a la derecha, vestido con una túnica blanca. Ellas quedaron sorprendidas. Pero él les dijo: "No teman. Ustedes buscan a Jesús de Nazaret, el Crucificado. Ha resucitado, no está aquí. Miren el lugar donde lo habían puesto. Vayan ahora a decir a sus discípulos y a Pedro que él irá antes que ustedes a Galilea; allí lo verán, como él se lo había dicho".

—Marcos 16, 4-7

Mi esposa tenía – y todavía tiene – una tradición de la Pascua en la cual unos centavos llevan a nuestros hijos a sus canastas. Nunca había oído tal cosa. Cuando era niño, me desperté y la canasta estaba allí. No había viaje, ni camino, ni centavos. Hoy, con nuestros hijos mayores y más maduros, todavía usamos los centavos. El destino es fantástico, pero el viaje lo hace mejor.

La Cuaresma ha terminado. El camino fue largo y difícil, pero la Pascua no existe sin el Viernes Santo. La Resurrección no tiene el mismo efecto sin la Pasión. Siempre hay camino y viaje para llegar a cualquier lugar importante.

Ahora empieza el viaje verdadero. Somos gente de Pascua, y estamos llamados a vivir nuestra llamada del bautismo: morirnos y resucitar en Cristo. La historia de la Cuaresma es nuestra, y el giro inesperado de la Pascua es de nuestra historia también.

Si no Jesús hubiera resucitado, no habría necesidad para la corresponsabilidad. Sin nuestro Señor crucificado y resucitado, todavía tendríamos que ayudar a los demás, mostrar simpatía, y ser gente de virtudes. Estas cosas hacen que una sociedad funcione. Con la tumba vacía, hacemos estas cosas y más porque esperamos algo más allá de nuestras vidas, algo que dura eternamente. ¡Somos gente de Pascua! Nuestra existencia ha recibido un significado nuevo.

Entonces, el viaje ya empieza. No hay centavos para mostrarnos el camino, pero el Salvador resucitado anda con nosotros, desde este mundo hasta el próximo. ¡Aleluya! ¡Aleluya!

PARA RESPONDER
Lee las historias de la Resurrección según cada evangelio. Piensa en la realidad del evento.

DEDICA TIEMPO PARA REFLEXIONAR

¿Cómo me influye el hecho de que Jesus está vivo?

¡ALELUYA!

María

La compañera para el viaje

Ser testigos de Dios para el mundo

En aquellos días, María partió y fue sin demora a un pueblo de la montaña de Judá. Entró en la casa de Zacarías y saludó a Isabel. Apenas esta oyó el saludo de María, el niño saltó de alegría en su seno, e Isabel, llena del Espíritu Santo, exclamó: "¡Tú eres bendita entre todas las mujeres y bendito es el fruto de tu vientre! ¿Quién soy yo, para que la madre de mi Señor venga a visitarme? Apenas oí tu saludo, el niño saltó de alegría en mi seno. Feliz de ti por haber creído que se cumplirá lo que te fue anunciado de parte del Señor".

—Lucas 1, 39-45

La palabra *Theotokos* es un término usado en el Este que literalmente significa, "la que dio a luz a Dios." La realidad teológica del término es que María de veras llevó a Dios en su vientre, y luego dio a luz a la Encarnación, es decir a Dios, en su forma humana. Entonces, normalmente traducimos el término en el Oeste como la "Madre de Dios."

Vamos a discutir el significado literal de la palabra. María llevó a Jesus dentro de su cuerpo, hasta que lo dio a luz en un establo. El énfasis no es el parto, sino el embarazo. Por 9 meses, todos que entraron en contacto con María también estaban en la presencia de lo divino. Recuerda su visita para ver a su prima, Elisabeth. El niño que tenía Elisabeth en su el vientre, Juan el Bautista, brincó de alegría en la presencia de Dios.

María sirve como ejemplo de vivir una vida santa. Pero también estamos llamados a llevar a Dios. Jesucristo entró en el mundo porque ella dijo "sí" a su parte del plan de la salvación de Dios. Todavía él está con nosotros en el sacramento de la Eucaristía. Cuando se acaba la misa, llevamos a Dios al mundo. Los que están en contacto con nosotros también están en la presencia de lo divino.

Todo esto es posible porque María se entregó a Dios. Como gente corresponsable, estamos llamados a hacer lo mismo. Cuando decimos "sí," recibimos a Jesús en los sacramentos y Le llevamos a un mundo que necesita la presencia del divino más que nunca. Nuestro calendario empieza con un recuerdo de esta realidad, La Solemnidad de María, Madre de Dios. Una buena resolución para el Año Nuevo es llevar a Dios a los demás. Ojalá que nuestra devoción a ella, como Theotokos, sea un recuerdo de ser *theotokos* para otros.

PARA RESPONDER
Reza el rosario para la intención de los que necesitan sentir la presencia de Dios en sus vidas.

DEDICA TIEMPO PARA REFLEXIONAR

¿Quiénes son tres personas que han llevado el amor de Jesucristo a mí?

Nuestro destino humano

En él hemos sido constituidos herederos, y destinados de antemano —según el previo designio del que realiza todas las cosas conforme a su voluntad— a ser aquellos que han puesto su esperanza en Cristo, para alabanza de su gloria. En él, ustedes, los que escucharon la Palabra de la verdad, la Buena Noticia de la salvación, y creyeron en ella, también han sido marcados con un sello por el Espíritu Santo prometido. Ese Espíritu es el anticipo de nuestra herencia y prepara la redención del pueblo que Dios adquirió para sí, para alabanza de su gloria.

—Efesios 1, 11-14

San Juan Pablo II escribió en su sermón del día festivo de la Concepción Inmaculada: "la gracia que santifica es, de hecho, la vida divina injertada en el alma humano." La vida empieza sin esta gracia debido al pecado original. Pero María se concibió sin el pecado original, y por eso tuvo esa gracia al momento de su concepción. Juan Pablo II comenta que María se podía preocupar por nuestra redención y dijo "sí" a ser Madre de Dios de "una manera perfecta y universal," porque no necesitaba concentrarse en sí misma. Tenemos que seguir su ejemplo y usar las bendiciones de las gracias que recibimos en los sacramentos para la realización del Reino de Dios.

Para la gente corresponsable todo eso es importante pero difícil. El santo moderno canonizado usó esta teología para insistir en la importancia de ser discípulos comprometidos en vez de ser católicos culturales. Escribió está homilía en el 1959, y el aviso contra la *relegación de fe* hoy es más urgente. La existencia de María era clave para el plan de nuestra redención. Fue su destino. Estamos llamados a edificar el Reino de Dios y compartir las Buenas Noticias de la redención, acabando en la conversión y salvación de almas. Es nuestro destino.

Nunca debemos olvidar nuestra parte en el plan de Dios. ¿Cómo conocerán a Dios y encontrarán la salvación las personas que nos ven cada día? María era el instrumento por el que entró al mundo la

Encarnación. Tenemos que ser instrumentos por los cuales Jesucristo entra en el mundo de los que todavía no Le conocen.

Referencias desde Wojtyla, Karol. The Word Made Flesh. *San Francisco: Harper & Row, 1985.*

PARA RESPONDER
Si todavía no lo haces, lee una revista o periódico católico regularmente.

DEDICA TIEMPO PARA REFLEXIONAR

¿Cuáles tres historias actuales de las noticias me interesan?
¿Cómo afecta mi fe la forma en que entiendo estas historias?

EL PLAN DIVINO

Renunciar a Elvis

En el sexto mes, el ángel Gabriel fue enviado por Dios a una ciudad de Galilea, llamada Nazaret, a una virgen que estaba comprometida con un hombre perteneciente a la familia de David, llamado José. El nombre de la virgen era María. El Ángel entró en su casa y la saludó, diciendo: "¡Alégrate!, llena de gracia, el Señor está contigo". Al oír estas palabras, ella quedó desconcertada y se preguntaba qué podía significar ese saludo. Pero el Ángel le dijo: "No temas, María, porque Dios te ha favorecido. Concebirás y darás a luz un hijo, y le pondrás por nombre Jesús".

—Lucas 1, 26-31

Un año en Charlotte, North Carolina, asistí al Congreso Eucarístico donde escuché a la Madre Dolores, o Dolores Hart. Se conoce como "la monja que besó a Elvis." Ella tenía un prometedora carrera en el cine, y tiene la fama de recibir un papel en la primera película de Elvis. Pero todo eso cambió cuando ella contestó al llamado de Dios y entró a su formación para ser monja.

Ella ha dicho que su respuesta a Dios no fue fácil. Al principio, lloró hasta quedarse dormida tantas veces, dudando su decisión. Con el paso del tiempo, ella sabía que su respuesta terminaría en la alegría.

Nuestra Señora no era tan diferente de Dolores Hart. A veces concentramos en la realidad teológica de que ella fue concebida sin el pecado original o su vida sin el pecado. Pero creer eso no significa que tenemos que creer que era fácil. Sabemos que Jesus aceptó su destino en el Jardín de Getsemaní, pero según la escritura no era fácil. ¡Y Él es Dios! María dijo "sí" al mensajero Gabriel, y continuó a decir "sí" a lo largo de su vida. Pero ella también era humana, y tú y yo sabemos que ser humano nunca se hace fácil.

Los discípulos maduros dicen "sí" a Dios cada día, aunque acabe en la dificultad o un gran precio. La corresponsabilidad nos llama a dejar de contar el precio. Cada día trae una oportunidad nueva con la cual Dios nos llama. Un día, hace años, María dijo "sí" a tal llamado, y su "sí" cambió la historia total de la humanidad. ¿Quién sabe la importancia de tu próximo "sí"?

PARA RESPONDER
Pasa 10 minutos en oración contemplativa, y con el comienzo de cada respiración, di el nombre "Jesús," y al fin de cada respiración, di la palabra "Sí".

DEDICA TIEMPO PARA REFLEXIONAR

¿A qué tres cosas he dicho que "sí" que también causaron buen efecto, o me hicieron mejor discípulo?

Pasajes Bíblicos

Notas

Notas

Notas

Notas

Notas

Notas

COMO EDIFICAR UNA COMUNIDAD DE GENTE CORRESPONSABLE, USANDO Y CULTIVANDO LAS MUCHAS BENDICIONES DE DIOS

La inspiración, el entrenamiento, la formación, y el liderato son todas las claves para crear una parroquia corresponsable de discípulos maduros

- ✓ Talleres y conferencias sobre el compromiso y la corresponsabilidad
- ✓ Consulto para las campañas de corresponsabilidad
- ✓ Entrenamiento de catequistas en la corresponsabilidad
- ✓ Planes de larga duración para las parroquias
- ✓ Día de reflexión para las parroquias
- ✓ Boletines informativos parroquiales sobre la corresponsabilidad
- ✓ La voz del pastor
- ✓ Retiros para identificar las capacidades y los talentos
- ✓ La corresponsabilidad y la nueva evangelización

Para obtener más información, contacta a Tracy Earl Welliver llamando al (800) 950-9952, extensión 2676, o twelliver@4LPi.com

Sobre el Autor

Tracy Earl Welliver ha sido católico toda su vida, y todavía intenta hacerse una persona corresponsable cada día. Es Director de la Comunidad y el Compromiso Parroquial para Liturgical Publications Inc., y es un miembro activo de su iglesia, Saint Pius X, en Greensboro, Carolina de Norte, donde sirvió como Adjunto Pastoral por 22 años. Saint Pius X recibió el premio Archbishop Murphy de la International Catholic Stewardship Council, en el año 2009 para su excelencia en la corresponsabilidad. Tracy es un escritor, orador, e instructor en áreas de la corresponsabilidad, el compromiso, el catecismo, y teoría de las capacidades, y ha trabajado para comunidades a lo largo de los Estados Unidos, Australia, y Nueva Zelanda.

Tracy escribe el blog, The Main Thing, cada semana con la ayuda ocasional de sus buenos amigos. Se puede leer su columna de Everyday Stewardship en la publicación bimensualmente, Connect! Uniting Word & World, de Liturgical Publications Inc. La publicación es un leccionario para la preparación de la liturgia. También se puede leer en www.tracyearlwelliver.com. Tracy tiene títulos en la teología de la Universidad DeSales y La Escuela de Divinidad de Duke. Lleva 24 años casados; él y su esposa, Mariann, tienen 3 hijos, quienes sirven como inspiración constante para los artículos y las entradas en su blog.

Liturgical Publications es una compañía de comunicación de la corresponsabilidad que sirve como una fuente singular para los productos y servicios que ayudan a establecer comunidades católicas más vibrantes. Se ofrecen técnicas para parroquias que incluyen boletines de iglesias apoyadas por anuncios; sitios web y circulares; soluciones para la participación digital, incluso la donación por internet y las aplicaciones para las celulares.

Recientemente LPi introdujo una línea de servicios consultorios, incluso una campaña de ofertorio sostenible, talleres de la corresponsabilidad, y retiros. Nuestros servicios consultivos e instructivos, además de nuestro catecismo ayudan la iglesia local a construir una cultura de espiritualidad corresponsable en la cual las personas dan de su tiempo, talentos, y bendiciones para agradecer a Dios. Nuestra campaña de ofertorio sostenible se diseña para que las parroquias puedan edificar en sus comunidades el discipulado fiscal de larga duración; y también que puedan crear talleres de la corresponsabilidad parroquial y retiros para comunicar el mensaje completo de vivir la corresponsabilidad como un modo de vida.

Con un programa llena de productos y servicios digitales, publicados, comunicativos, consultativos, LPi ayuda las parroquias a extender sus comunidades y comunicar las Buenas Noticias.

Para aprender más, visita: